趙君影
講道集
第二卷

Calvin Chao
Collected Sermons
Volume II

© 2017 Chinese for Christ, Inc.
Published by Calvin Chao Press
www.CalvinChaoPress.com
An Imprint of Chinese for Christ, Inc.
A Publication from the Archives of
Chinese for Christ Calvin Chao Theological Seminary
Edited by Rosemary Yen, May Hou, John Schulte, Cheryl Ann Wong

編者的話

謝謝您對趙君影牧師講道集感興趣，將神的話語帶到中國和世界各地是他一生的工作。

這些講章和信息的都是由趙牧師 70 多年來在世界各地講道時所揀選出來的，講章含括趙牧師在培靈會、教會主日講壇及對基督教領袖們廣播、演講等的記錄。這些信息也經常刊登在通訊，小冊子，報紙，書籍和雜誌上。

講道集是按講道的時間順序來排列，方便讀者閱讀，理解和學習，盡量的保持及呈現當時的風貌。講道的信息所反映的語氣都與當時的歷史環境息息相關。正如趙博士所寫："必須認識到教會和政治是一個連續性的歷史過程"。記住，重要的是所講的道與歷史和政治上發生的事情是互相共鳴的。

我們祈禱，經由趙君影牧師一生的工作，你能收到耶穌基督的信息。

Published under the leadership of
Andrew Chao
Chairman, Chinese for Christ, Inc.
&
Dr. Sophie Chao Wong
President & CEO, Chinese for Christ, Inc.

Dedication

Rosemary Yen
*who has worked at Chinese for Christ, Inc. since the days of
Drs. Calvin & Faith Chao*
&
May Hou
who has worked at Chinese for Christ, Inc. since 1996

目錄

The Christian Life View
基督教的人生觀
Circa 1945

人生是個謎，同時亦不是一個謎，對於人生有三大問題，人從何處來，人往那裏去，人生是甚麼目的，這是有史以來哲學家所探討而不能解決的問題，站在基督教的立場上，卻看為是簡單明瞭，現在根據基督教的信仰，概括的說明我們的人生觀。

一、人從何處來

基督教是以神為出發點的。基督教的人生觀，也是以神為出發點的，人從何處來這個問題，我們的答覆是：人是神所差來的，所創造的，耶穌也對於人生觀有個極清楚的認識，就是他是神差來到世界來的，聖經上的施洗約翰，也是清楚的認識他是從神那裏差來的，換句話說，基督教的人生，是神有目的的創造。

在昨天，我們討論過基督教的宇宙觀，我們認為有一位有思想、意志、感情、位格的神，有目的地創造了宇宙，所以宇宙是有意義的，人既是宇宙的一份子，當然亦是神創造的，從此我們肯定人生是有意義的，一個不信神的人，就不能信一個有意義的宇宙，不信有意義的宇宙，就不能信有意義的人生，宇宙若是從盲目的機遇而來，人生自然亦是偶然的巧合，那麼還談得上甚麼人生的意義，目的呢？

托爾斯泰說：「一個不信神的人，假定他的思想是透澈的，不是用手槍自殺，就是放蕩情慾了此一生」，他的意思就是說不信神，人生就不能有甚麼意義，不是悲觀到自殺，就是吃吃喝喝，明白死了就算了。

宇宙觀和人生觀，是能不分開的，宇宙若不過是盲目能力衝動的結果，那麼人生亦只好看作是偶然的、機械的，無意義的。一個化學家將眼淚化作種種的原素，而忘記了流淚者心裏的創傷，一個生物學家研究花朵的構造，而忘記了美麗的詩意。這是多麼冷酷呢？我們基督教不把人生當作機械定律的產物，而肯定神是有計劃有目的的創造，這就基督教對人生觀與其他哲學最大的區別。

二、人往那裏去

人往那裏去呢？按著定命人人都有一死，死是人生不可避免的結束，人死與人生都是人所必須對付的問題，人必有死，人都諱言死，其實對死不能了解，則對生亦不能完全明瞭，基督教並不以死是神祕不可測的，亦不像機械論者以為死是人生的幻滅，我們既以人生是神的創造，我們亦以神為死的歸宿，人既是由神那裏來，當然亦是回到神那裏去，用通俗的話說，人死就是交帳，清算一生的功過。

我們認為死不是可怕的，因為死是離世與神同在，十多年我患肺病在杭州的一個醫院，眼見一個個的病人死在我的左右，叫我特別注意的是一個患骨癆病的人，最後一小時的呼吸急促，

而面色蒼白，眼睛裏所表顯的恐懼特別叫我感覺著人死的問題是何等的需要解決。我像托爾斯泰所說的「我是怕死的。」

「一個有思想的人才會怕死。」這句話我想不是完全對的，但亦有幾分至理，我看到一些荒墓，叫我想起這樣枯骨，當初亦是一世之雄的人，我看到一些靈命活躍的人，我想到幾十年後又不過幾副枯骨而已，死是人人遲早必得經過的，死到底是甚麼呢？死了是到那裏去了呢？

保羅在聖經裏面說：「我正在兩難之間，情願離世與基督同在，因為這是好的無比的。然而我在肉身活著為你們更是有益的。」保羅覺得死是離世與神同在，認為是好的無比的，在他看來死是轉換還境，並沒有可怕的地方，並且認為是好的無比。然而他並不去找死，因為他人生的工作末了，他活著要更多的服侍別人，這是更要緊的，所以他就不知道該揀選甚麼。人生人死對於他同一樣的重要，同樣的有意義，這就是基督教的人死觀。

三、人生是甚麼目的

人是神所差來的，人是要回到神那裏去的，在來去的這一個段落裏，他的目的是遵行差他的旨意，這是基督在世的時候，對於人生所闡明的真諦，這是根據基督教的宇宙觀而來的人生觀。

神創造了宇宙，要宇宙彰顯祂的旨意，人也是神所創造的，祂造人的目的，亦就是要人遵照祂的旨意，成就祂永世的計劃：神像一個棋手，對於全局祂已有固定的計劃，人是一個棋子，

祂將棋子安在各個不同的崗位上，目的是要佈成祂理想的局勢：神亦像一個司令官，祂將每一個軍士都安排在一定的陣勢中，各盡其職就可以爭取全軍的勝利，聖經亦將教會比作身體，基督是頭，教徒是互為肢體，各肢體以頭為中心，各盡其職，就成了頭所計劃的活動。神造人是要人按照造物者的旨意在世為人，這樣各盡其職，各盡所能，在以神的旨意為中心之下，成就一個和諧的快樂的世界。

一般人的人生觀，是以自我為中心，基督教相信來生，但是以今生為中心，因為我認為人生最寶貴的一個段落，是在今生這些年間。人生的目的是在還活著的時候，遵行神的旨意，所以基督教是來生而又今生的。是超脫而又現實的，又有些人以為人生的目的在為社會服務，當然我們不否認人是社會的動物，亦不否認人是應當服務社會的，但社會是甚麼呢？

社會就是人類相互的關係，人生若以服務社會為目的，那就是說人生是以服務人為我之間的關係為目的。這樣對於人生意義的認識，未免是太忽膚淺了，人是因為生，才有互相的關係，不是為著相互的關係而生，若是以人是為社會而生，好像是說人生唯一的目的，是在服務他與別人相互的關係。這樣我為人而生，人為我而生，到底人生的意義是甚麼，還沒有清楚的答覆。

基督教認為人生的關係是三角形的，我與神、人與神、人與人，只有在我與神、人與神關係合理化以後，才能有人與人

合理化的關係，換句話說，我沒有自私，只有遵行神旨意的人生觀，這樣人與我之間才會發生正直、和諧、快樂的關係，我們不以人生的目的為服務社會，但我們相信一個以神旨意為中心的人，才能真正的服務社會。

一個以神的旨意為中心，他才能不求自己的享受快樂。他知道他的人生是神的安排，他的成就不是以自己的名利為標準，乃是以遵行了多少神的旨意為標準，這樣他才能不計較個人的享受，不在乎個人的名譽地位，一般人都贊同基督徒的犧牲和利他的精神，但要知道這種精神是從遵行神旨意的人生觀而來。當我們欣賞枝上的果子，不要忘記地下的樹根。基督教的人生觀，不是片段的、膚淺的、乃是包括整個的宇宙、生前、死後、物質、和心靈的人生觀。

最後基督教認識為，凡不合乎神旨意的，都是罪惡，世界上的人有多少認識神呢？有多少遵行神旨意呢？世界的罪惡就是由此而生，基督耶穌降世，為要拯救罪人。就是救人脫離自私自利的罪惡，領人遵行神的旨意。你若是認定基督教的人生觀是準確的，是能滿足你的，是能改造人心的，請你跪下來以最虔誠的心禱告耶穌說：「求耶穌救我脫離自私的罪惡，加我力量遵行神的旨意，阿們。」

（註：一九四五年在戰時首都重慶對中央大學團契的一篇演講）

Why Do I Believe in God?
我為什麼相信有神
Circa 1961

有神是基督教的基本信仰，要研究基督教的第一步就得研究神的有無。無神基督教就根本推翻，有神基督教自然成立。我在學生時代是個無神論者，認為基督教信神和鄉下人拜土地是一樣的迷信。所以鄙視一切宗教，以為神是牧師們編造的謊話來騙飯吃的。但是現在我不但相信神，也以傳揚神為終生事業，自身做了一個從前鄙視的傳道人。這樣的轉變根據麼理由呢？今天簡括的提出來，做諸君的參考資料：

一、從宇宙來源推論有神

從前在昆明傳道的時候，遇着一位大學教授，他不是基督徒，卻相信有神。他說：現在宇宙是「有」，最初一定是「無」。「有」一定是從「無來的」但「無」中怎樣出生「有」來呢？這必然是一個超然的力量運行的結果。這種力量就是神，沒有成見的思想家，不能不承認這位非基督徒的教授所談的一篇話，是十分正確的。

從前有一位信神的科學家，向一些大學生講道。一個學生傲然的站起來，質問說：「宇宙是怎樣來的？請博士以最科學的態度回答我。

博士回答說：「是神創造的。」

這位學生立刻反駁說：「神是誰造的的呢？」

博士再回答說：「神是自有，永有，是造物之主，不是受造的。」

學生似乎很得意的說：「這不太科學了。」

博士看出他的光景，就說：「請問你，地球是自何而來？」

「自日頭中拋射出來。」學生迅速的回答

「日頭自何而來？」「自星雲而來？」「星雲自何而來？」博士連接問。

這位學生有些遲疑，不敢作答，最後勉強的說「自然而來。」「那麼自然從何而來？博士毫不放鬆的問。這位學生有些不自在，憤然的說：「自然就是自然，是自然有的。」博士說：「那麼這也不是太科學了嗎？宇宙的來源你稱之為自然，我稱之為神。」當宇宙的問題是放在我們眼前時，我們愈是思想，愈叫我們由然而生信神之心，這是我信神的第一個理由。

二、從宇宙中奇妙證明有神

前一些時有一位中學學生來和我談道。他說神是迷信，無稽之談，一刻鐘之內，他可以辯得我無口可開。我向來不喜歡作徒傷感情無益的辯論，就顧而言他，不置可否。我們閑談一會，偶然談到中外著名的建築物，我就乘機對他說：「談建築物，我想起一個簡單的公式，請問高見以為對否？」

他說：「什麼公式？」

我說：「房屋等於材料，你以為然否？」

他說：「對。」

我說：「我們買了若干磚瓦若干材料，若干其他材料，堆置在置空地皮上，會不會成為房屋呢？」

他說：「不能，當然必須工程設計師，工匠的勞作才行。」

我說：「那麼房屋是等於材料，加設計，加勞作了。」

「他便改了意見說：「你是對的，我剛才未看到這點。」

我說：「就工程說，房屋是極其簡單的建築物。尚須設計勞作，何況奇妙莫測的宇宙，豈不更有一位「匠心」「造物」嗎？」這位同學倒是無口可開了！

蜘蛛是我們日日可見的小東西。牠的網舖張在一個角落裡，蒼蠅蜻蜓投到網上，拼命掙扎也逃不了，飛不去。結果做了蜘蛛主人的大餐，為什飛不掉呢？誰都知道網是有黏性的。我們要問蜘蛛去吃飛蟲時，為什麼自己不被黏住呢？原來牠的腿上分泌一種油，使他不被黏住，所以網中央的絲上沒有黏住。諸君看蜘蛛的小腦筋會懂得這些奧祕嗎？在此不是看出造物者匠心智慧？

你若不承認這是神造的，你就得相信是盲目的能力瞎撞出來的結果，但那一個有思想的人，能承認奇妙如此大的宇宙，是瞎撞出來的呢？

我記得讀生理學的時候，覺得頂難頂麻煩的就是眼睛的構

造。想諸君也有同情。大考的時候開一次「夜車」還是沒有考好。這樣複雜奇妙構造，是偶然撞出來的呢？那樣合理，請回答我？

各位讀者誰願做個試驗：請你以手帕將眼睛包紮起來。我將你帶到一家印刷所去，你隨把鉛字抽排起來，能不能印成一部論語或詩經呢？這一點我們盲目的都做不到，我們能相信這般奇妙的宇宙是偶然的盲目撞出來的嗎？

我們既不能相信盲目的機遇，我們便要相信冥冥中有一「宇宙的慧心」(Universal mind)，有神。這是我信有神的第二個理由。

三、以宗教本能得知有神

神的信仰是人類普遍的需要。你看沒有一個時代沒有宗教，沒有一個民族沒有宗教。不問文化低到什麼程度，高到什麼程度，都有其宗教信仰。我們有沒有想到過神的信仰在人類心中有如此的根深蒂固呢？為什麼歷史上沒有一個反神的運動是成功了的呢？為什麼神的信仰曾影響社會人心一至於此呢？這是因為人心中有一與生俱來的傾向和需要，惟有信神才得到滿足，有人稱這種傾向為宗教的本能。

人在青春年代常常覺得一種心境的不安，人稱之為青春煩惱。等到與情投意合的異性結婚，家庭生活美滿，心中便安定下來。但人在心靈的更深處，另有一種不安，不是異性可以滿足的，也不是名利富貴可以滿足的，世上沒有什麼東西能使人

得滿足，一直等到信了神，心靈便安定下來，這時心緒的恬靜，要和嬰孩躺在母親懷中一樣。年輕的人也許不會十分覺得這種宗教本能，在人生中的力量，但總會有一天感覺需要的，也許現在就是如此。

有人解釋說：人並無所謂宗教本能，乃是在原始的時代沒有知識，遇到電雷猛獸，發生了畏懼之心，就以之為神而拜他，隨後才逐漸了神的信仰。我以為這種解釋是倒因為果，將車子放在馬前面。我在街上走路，看見一個人我就立刻拉着他叫道：「王馬太！王馬太！你是什麼時候來的？」那知那人一轉臉看我，我知道我認錯了人，便道歉說：對不起我認錯了人！」我認錯了人，這是不容諱言。但注意我在未認錯人以前，我已經認識了王馬太的。同樣人以雷聲猛獸為神，是認錯了，但在未認錯以前，人一定是有了神的觀念。神的觀念是先有的，而後才會錯以雷電猛獸為神，這是顯而易見的道理。這種的觀念，也就是隨宗教本能而俱生的。

兩位朋友在海上划船遨遊，一位信神，一位反對得激烈，兩人辯論甚久，不知不覺把船划得很遠。忽然天起了大風，波濤洶湧，他們忘了辯論的題目，同心奮力向岸上划去。一時船身傾身傾斜，幾乎要翻。那位不信神的朋友大聲叫着說：「神啊！救命啊！」他們的辯論就此結束了。

人在深夜捫心之時，或清風明月之下，或山明水秀之地，不是自然而然感覺有神嗎？這是我相信有神的第三個理由。

四、以生活經驗體會有神

我們研究一樣東西，就用一種工具。化學離不了試驗管，天文必須用望遠鏡。以望遠鏡找細菌，以試驗管求數學的答案，都是不可能的事。天下也沒有人這樣做。但一談神的問題，我們很容易說：「試驗管化不出，顯微鏡看不出沒有神！打倒神！迷信！迷信！迷信！」

我們承認試驗管顯微鏡找不到神，但不要忘記這些儀器找不出來的，我們不能就一定的否認其存在。神若真有的話，宇宙是被造之物，神是造物之主，二者是各自單獨的實體。科學的儀器是研究宇宙的現象，神既非宇宙，自然不是這些儀器所能測驗到的。比如王木匠造了這些棹子，王木匠不是棹了，棹子不是王木匠。我們在分析解剖棹子的時候，找不到王木匠，能斷然沒有王木匠嗎?分析解剖是以棹為對象，但要認識王木匠必須找到他本人，和他談話，和他交往做朋友方行。同樣科學是以神造之物為對象，要認識神，就另行在生活上，經歷上去體會。這是證明有神最大的論據。

多年前，我病在杭州西湖一座醫院裡，心靈很痛苦，病勢一日沉重一日。那時我懷疑神，不信神，認為信神的人，不是無知無識，便是神經失常。一位護士見我如此痛苦。就勸我禱告。禱告我是從小就會，但我決不肯如此行。我既不信有神，怎能禱告呢？她卻說「你肯如此禱告嗎？若是真有神，神啊！求你安慰我。」我認這是可以做得到的，便在一所無人的房間

裡跪下，這樣誠心的禱告，心中就得了安慰快樂。最初我以為這是心裡作用，自己騙自己罷了！但數十年來這位常常安慰我，指導我，剛強我，改變我的生活，赦免我的罪過，我日日倚靠祂，祂常常親近我。一次會假，兩次會受騙，但十數年來，我愈信愈篤，我一人可以假，可以受騙，但古今千千萬萬萬的人都是如找到神，經歷了神，難道他們都是騙人嗎？

　　一位著名博士素來反對信神。某天公開演講講信神的人與他辯論。當時人人憚於他的辯才學問，皆畏縮不前，這位博士洋洋得意。正要宣佈散會，一位長婦人提一籃橘子走上台去，大家都希奇，連博士也以她是患神經病的，老婦人開口說：我是剛從市場我買橘子回來，聽博士講無神之道。順便進來領教，對於博士學問深為心佩，請問博士我買的橘子是酸的還是甜的？若酸，酸到如何？若甜到如何？」這時她手中已拿了一隻橘子。

　　博士說：「我未吃到不能斷言。」

　　老婦人剝開橘子一片一片的當眾吃完，然後說：「我吃過了，我知道是甜的，我雖然不能形容給汝聽，但我知道多麼甜。」

　　我在生活上經歷神，和祂常有心靈的交通。祂也常常賜福與我。我不會辯論，但我知道有神。」誰的辯論順利了呢？

　　人要研究神的有無，必須先來體會經歷，這是知道神唯一的方法，人若沒有這樣體會過，斷不能說沒有神，這是我相信神的第四個理由。

最後我引兩節聖經做個結束：「神的事情人所能知道的，原顯明在人的心裡，因為神已經給他們顯明。自從造天地以來，神的永能與神性，是明明可知的。雖是眼不能見，但藉著所造之物，就可以曉得，叫人無可推諉。」羅馬書 1:19-20 節。

Man is Made from the Temperament of God
人被造的氣質
Circa 1971

創世記 1:26-31 節，2:4-17 節 詩篇 139:13-16 節

聖經開宗明義，就說：「起初上帝創造天地」，這是基督教的基本信仰，所以在各個正宗教會的教義裡，都強調上帝創造天地的道理，使徒信經第一句就說：「我信上帝，全能的父，創造天地的主」，就是個很好的例子。

但是「上帝創造天地」，的信仰逐漸變成理論的，神學的，只是用來解釋宇宙的來源，而與生活脫離了關係，要校正這種錯誤，必須強調「人的被造氣質」。

「被造氣質」這個名詞，是我由英文 CREATURELINESS 勉強翻譯過來的，並不認為滿意。但為使讀者明瞭，我用這個名詞的意義特舉一兩個淺顯的例子，旁襯一下。譬如說一個男子可能有男子氣，可能沒有，一個女子可能有女子氣，可能沒有。同樣，一個被造者可能有被造氣質，可能沒有，一個被造者站在被造者的地位上，行事為人，態度觀念與其地位相稱，我說他有被造者的氣質。

崇高的地位

人是被造的與宇宙的萬有一樣，但只有人是按照上帝的形像造的，所以人雖是被造，卻比其他的被造更為高超，而有質的不同。

人與其他被造有相同的地方，人的身體所呼吸的、所飲食的都是自然界的物質，人藉著了化學作用，與物質世界發生了交流，所以人在其身體的一方面確是物資的一部分。同樣的受時間空間的限制，在這裡人與動物，只有量的分別，而沒有質的分別。凡動物所有的本能、驅使力（INSTINCTIVE DRIVES）、生存的要求，人都是有的。但是人的生活若僅僅在這個階層上發展，與動物沒有多大的分別了。

幸而認識按著上帝的形像造的，在此所設上帝的形像，不是物質的形像，從物質的觀點，神是無形無像的，人怎樣有物資的形像，像上帝一樣呢？聖經所說上帝的彤像是說被造的人，有自我的意識，動物只有意識，而沒有自我意識。被造的人有思考的作用，這是動物所沒有的。被造的人能以認清是非善惡，動物是不能的，被造的人是能認識上帝的，又有與祂交通的可能的，動物是沒有的。這種種為自我意識思考作用，道德意識與神交通等等，就是與上帝相同的地方，也就是按上帝的形像被造的意思。這一方面，人比動物崇高，雖在身體方面與動物相同，但在精神靈性上超越了動物，因此人的生活，一方面在物質方面與動物相似，又一方面應當進一步，具有精神靈性的生活，這才與被造的人的身份相稱。

有意義的人生

用自然主義的觀點來看人，人不過是這部宇宙大機器憑其潛藏在內的能力，不斷的變動，經過萬萬年長久的時間，而進

化出來的產品。這部機器本身，沒有事前的計畫，沒有存心抱著什麼目的，一切都不過是機械的、盲目的、偶然的。人的意識不過是神經系統發出來的作用而已。在這種信仰體系之下，人就沒有什麼意義了。

但相信人是被造之物，也就已經相信一位造物之主了，祂是有自我意識的，是有智慧的，是有目的的，當然祂所創造的宇宙也就有意義了，被造的人也就有目的了，換句話說：人生的目的是在遵行那創造之主的旨意，以祂的目的為目的。

在這種信仰中，人找到了他的「正身」（IDENTITY），找到了宇宙最終的實體，找到了與造物之主應當發生的關係。這就是所設的「真」。

被造的人也具有善惡是非的標準，「善」就是符合造物之主的本性與旨意，「惡」就是違反造物之主的本性與旨意，「是」就是符合造物之主的創造之工和祂的啟示。「非」就是矛盾祂的創造之工，和祂的啟示，在此看出「善」是什麼。

「美」，就是造物之主表現出來的榮耀，在宇宙中有「諸天述說上帝的榮耀，穹蒼傳揚祂的手段」，在被造之人的生活裡，有聖靈將上帝的榮美彰顯出來。這就是「美」。

一個人澈底認清他是被造者，他的人生目的是要運行上帝的旨意，將「真」「善」「美」在他的生活中發揮出來，達到被造者被造的原意，我們可以說這就是基督徒的「自我實現"（SELF-REALIZATION），因為這個「我」是被造的我，是在

上帝旨意中的我，這個我達到圓滿發展，就是人生的意義，也就是具有了被造氣質。

被造者的限度

被造的氣質有兩種成份是不可忽略的：

第一種成份是:被造者是有限度的。造物者無所不知，被造者知道的有限。造物者無所不能，被造者的能力有限。造物者無所不在，被造者則受空間的限制。造物者自有永有，被造者有生有死，壽命有一定的限度。造物者絕對聖潔公義良善，被造者不能夠達到完全的地步。

第二的成份是:被造者依賴性。被造者要依靠自然界的物質，要依靠人類的社會，更要依靠創造自然及人類的造物主，被造者個人或人類社會，都不能脫離環境而生存，這被造者的生活中，在物質環境中，在人的心靈裡，都需要造物者的護佑與帶領。

動物呢？上帝呢？還是人呢？

造物者造人，是要人做「人」，不是要人做動物，也不是要人做上帝。

什麼叫做做「動物」呢？一個人讓他的本能驅使力，無理智的強烈情緒肉體的需要（就是與動物同樣具有的那些特性），支配管理他的生活，不讓理性與靈性居引導地位，就是過著動物的生活，聖經所說「放縱肉體的私慾，隨著肉體和心中所喜

好的去行」。這人表現在外面的就是吃吃喝喝、玩玩睡睡、儘量享受肉體的快樂、唯利是圖、損人利己、沒有理想、沒有目的。這樣的人，不是在過被造者的生活，而是過動物的生活。

什麼叫做做「上帝」呢？一個人以被造者的身份，要篡奪造物者在他生活中，與人類生活中，應該有他的地位，就是做「上帝」。這種人以自己為人生最後的目的，不是以上帝的榮耀為目的，他們以他們自己的思想看法，作判斷的標準，不是以神的啟示為標準。他們以人心主義為前面的理想，而不以上帝永遠計劃為理想，他們以自我努力為達到理想的力量，而不是以耶穌基督為力量，他們這些可能是信上帝的，也可能是無神論者，但他們一樣以人以自己代替了上帝的地位，這就是人要做「上帝」，而沒有生活在「被造者」的地位上。

上帝創造人是要人做「人」在被造者的地位上做「人」而不是做「動物」，更不是做「上帝」。

罪是什麼？

羅馬書 1:21 節說：因為他們雖然知道上帝，卻不當作上帝榮耀祂，也不感謝祂……。這是罪的起源，從這裡發生了思想問題，再產生代替上帝的偶像，進一步放縱肉體的邪情私慾，造成了人與人之間的罪惡。

第一步、人離了被造者的地位，不向造物者盡被造的責任。

第二步、想出種種學說思想來，「理由化」他們的錯誤。

第三步、建立「造物者」的代替品。

第四步、過著動物式的生活。

第五步、社會罪惡的產生。

我可以結論說：被造者在對於造物者應有的關係上，出了岔子，有了偏差，就是罪。

救贖的目的

約翰福音 14:6 節 我就是道路、真理、生命，若不藉著我，沒有人能到父那裡去。

人到父那裡去是被造者與造物者恢復其應有的關係，耶穌以道路、真理、生命的身份，做這個橋樑，使被造者與造物者達到「和好」的地步。在此看出救恩不是最後的目的，乃是上帝達到祂目的的方法。祂的目的是要人重新站在被造者的地位，來榮耀祂，遵行祂的旨意，作成祂的工。

我們平素所注意的心裡的平安，罪擔的脫落，不受地獄的痛苦，享受天堂的永樂，為道德的修養，為社會而生活，以基督教為實現人類社會理想的方法，用作強大國家的工具，都不是救恩最後的目的。

照嚴格的聖經解釋，得救以後的成聖就是分別完全歸主，奉獻就是願意順服上帝的旨意而生活；聖靈充滿是上面的能力發動整個的人；屬靈就是聖靈管理全部的生活，基督居首位，不但是現在的生活方式中，也是上帝永遠計劃在人類歷史的高

潮。天國就是被造者與造物者在全部生活裡恢復應該有的關係。

　　最後，被造者應有被造者的氣質，救恩就是恢復造物者與被造者當中的關係，基督徒生活的基本要求，就是發揮「被造者的氣質」。

Jesus Said: I Am the Truth
耶穌說：我是真理
Circa 1971

「**真理是什麼呢？**」這是彼拉多在審問耶穌的時候所問的問題，不但如此，也是有人類以來許多有思想的人所要研究的問題，多少的哲學家絞盡了腦汁要窮其究竟，一直到現在，但還沒有完滿的結論，耶穌卻直截了當地說：「我就是真理」。

我們若要明白耶穌這句話的意思必須先要知道，「真理是什麼，現在對於「真理是什麼 」這個問題既然沒有最後的答案，那麼我們就沒有完全了解這句話的可能，可是另一方面我們也可以說，雖然不能完全明白「真理是什麼」我們卻可追尋那可能了解的部分，因此也就可能部分了解耶穌的這句話「我就是真理」。

「真理是什麼 」這個問題一般來說，有三個不同的學說，各持所見不相上下，似乎各有其是處，各有其非處，我們現在藉著這些學說來研究「耶穌就是真理」這句話的意義，但在我們提出這三種學說的時候，並不是說我們完全同意他的看法，乃是用他們的看法來了解「耶穌就是真理」的意義。

第一種學說「**符合說**」Correspondence Theory of Truth 認為符合實體的就是真理，這是古今許多思想家所接受的學說，舉一個例子來說，我若說在我家門口停著一輛汽車，我們出去考察一下，果真有一輛汽車停在那裡，那麼我說的就是真理，因為

我說的話與實際的事實相符。再舉個例來說，美國的北邊是加拿大，南邊是墨西哥，西邊的太平洋，東邊是大西洋，這是人人都知道的真理，怎樣知道這是真理呢？不是因為大家都是這樣說，或者書上都是這樣寫，那是因為事實卻是如此。你若乘飛機東西南北去看就會發現這是與事實相符合的。

當然這種「符合說」有可批評的地方，但是在某範圍內大家都是接受這種看法的，現在用這種學說來解釋「耶穌就是真理」的話，最先我們要知道的是基督教的哲學基礎是一種「實在論 」，就是說我們相信我們藉著感官所接觸到的對象是確實存在的，而且他們的存在並不是依靠我們的感官思想才存在的，天地萬物，連人類在內都是上帝所創造的，他們的存在都是確實的，凡是人所研究出的結果與實體研究出的結果相符合的都是真理。

再進一步說，宇宙內的一切雖然是實在的，但都是被造之物，都是上帝所創造的。所以上帝是那最終的實體，天地萬物可以廢去，但上帝是昔在，今在，以後永在，自有永有的，那麼人類怎樣才能認識這位最終的實體呢？就是要藉著耶穌，「從來沒有人看見過上帝，只有耶穌將上帝表明出來 」。「太初有道，道與上帝同在，這道就是上帝」這道降世為人，成為肉身，將不能看見的上帝顯明出來在我們眼前。腓力說：「可以將上帝指示給我們看嗎？」耶穌說：「看見我，就是看見了上帝」。一台電視機有什麼用處，空中有音樂不能聽見，有圖

畫不能看見，但是將電視機的電鈕一開，我們就能聽見那原來聽不見的音樂，看見原來看不見的圖畫。

許多人相信上帝是冥冥之中的主宰，但對上帝模糊不清，知其然而不知其所以然，並且發生許多錯誤觀念，這就是一般宗教錯誤的原因，但基督卻不是如此，耶穌藉著祂的生命、生活、祂的聖潔公義、祂的仁慈犧牲、祂的教訓、祂的啟示、叫我們認識了上帝，祂既是道成肉身來表彰上帝的。祂的生命、生活、言行又能表現上帝，就是那最終的實體，那麼祂就是真理了，為此，人只有藉著祂才能認識那最終的實體，又可能經驗和體會到上帝的實在，且又能與這位义真义活的上帝發生生命的關係，所以祂說：「若不是藉著我，沒有人能到父那裡去」。

第二種學說「貫通說」Coherence Theory of Truth 這是唯心派哲學的主張，他們認為一種判斷必須與其他一切的判斷彼此和諧和貫通才是真理。換句話說凡是相互矛盾的，與被公認的判斷矛盾的就不是真理，這種學說也有它的缺點，但不在我們今天所討論的範圍內，但這種學說能讓我們看到一個重要點，那就是真理不是局部的，不是零零碎碎的，真理必須包括所有全部的實體，局部乃由全部得著意義，故此，真理必須全部局部的認識並融會貫通起來。

從這種學說來看「耶穌就是真理」怎麼說呢？這正與基督為中心的世界觀相合，我們對於世界、人類、人生、社會、罪

惡、靈魂、道德、永生，怎樣去解釋呢？怎樣知道它們的意義呢？我們基督教以基督耶穌為出發點，看見萬有是由祂（耶穌）造的，是為祂而造的，也是靠祂而立的。人類的命運是走向一個以祂為王的天國，現在人類的罪惡，只有靠祂才能得蒙拯救，人生的目的不是為自己為物質為享受，乃是「活著就是基督，死了就有益處」。這樣我們在基督裡就了解了一切，明白了一切不但是偉大莫測的宇宙，就是這渺小的我，也都在基督裡得著了意義。

實在的說，二加二等於四。氫二氧一成為水，這些都是真理，這些都是人日常生活的真理，但是這種真理必須融貫在宇宙人生意義的真理中，才有意義，世界上有什麼比萬有更根本的呢？人生的生活中有什麼比人生的目的更重要呢？人的知識中有什麼比認識最終的實體更要緊的呢？所以聖經說「敬畏耶和華是智慧的開端」。只有從耶穌身上才能得到。現在我們所能知道的，有上帝，有世界、有人類、有你、有我、有生有死、有苦有樂、有罪惡、但到哪裡可以找到意義呢？難怪世上許多的人都覺得人生沒有有意義，以至於自殺，我們若相信耶穌，就可以開始明白一切，開始認識一切，也就可以開始了解上帝的旨意，並可將自己配合在上帝的永世計劃裏了。

第三種學說「實驗說」Pragmatic Theory of Truth 這種學說「結果美滿的就是真理」，他們以「經驗」作為尋求和量度真理的唯一方法，以有無用處，能否實行，是否滿意來判斷是否

真理。

　　一個人迷路在森林裡，不知如何出去，後來在記憶中似乎某一個方向是對的，就開始向那個方向走去，到最終走出森林而回到家裏去，他走的方向是對的，這是真理，因為他走出了森林回到家中。這種學說自然有它的缺點，我們不必討論，但是這學說卻將真理的另一方面提示出來，那就是真理必須實踐而得著結果的。

　　耶穌說「祂是真理」，是什麼意思呢？耶穌為你解決問題，從罪惡中把你救拔，改變你的人生，安慰傷心的人，指引迷途的人，叫犯罪的人得以成聖，叫灰心的人得著鼓勵，叫有自殺傾向的人重新有生活的勇氣，叫破碎的家庭能重享天倫之樂，叫自私的人犧牲服務，叫恐懼死亡的人視死如歸，只要這些人肯相信耶穌做他們的救主，這些是確確實實的宗教經驗，這些是許多基督徒的見證，這些是許多人的日常生活，不是可以用心理作用一句話，可以亦然抹殺的，現在的人不是著重經驗嗎？現在學識界中的人不是有許多自稱為「經驗派」的嗎？現在這些基督徒既有不可勝數的宗教經驗證明耶穌是救主，難道我們「誠實」，「虛心」追求真理的人，故意閉著眼睛不去看嘛？

　　耶穌是「救主」，人相信耶穌便成為上帝的兒女，這是「福音」！這是「救恩」！這是基督教的中心信仰。信是人在生活中得著美滿結果，在人生中發生道德作用，在內心中有屬靈的力量，這不是真理是什麼？所以耶穌直接的說「我就是真

理」。

最後，我要講結束的話，「耶穌是真理 」這是難以完全了解的，我們藉著一般的學說來解釋，那並不是我們完全贊同某一種的看法，乃是用這三種看法來了解真理的意義。

總結的說，一般人的印象都以為真理是空洞理論，抽象的學說，因此不能理會，「耶穌怎樣是真理」，現在我們看出真理實體的表現，是人生意義的寄托，是生活的經驗，耶穌帶領人認識上帝，是叫人了解宇宙，人生的意義是叫人在生活上發生屬靈的經驗，這是你需要的真理，而這「真理」就是「耶穌」請你今天來相信祂。

Confucius' View of God
孔子的上帝觀
Circa 1971

孔子是相信上帝的，這一個事實是今日的中國人，尤其是海外的僑胞所應該知道的，我們的目的不是要用孔子的信仰來證明上帝的存在，乃是要提醒那些仍然敬重孔子的人，孔子信仰上帝這個事實。

在中庸裡，孔子論到武王周公的時候，有話說：「郊社之禮，所以事上帝也，宗廟之禮，所以祀乎其先也」。我們基督徒是不贊成祭祖的，但我們不能不注重到獻給上帝的祭禮。

我們仔細研究孔子的思想，可以看見孔子是信仰一位超越的主宰，在中國的哲學家當中，除了墨子以外，要算孔子對上帝的信仰最顯然。在一個極端上，老子所講的「道」有唯物論的氣味，在另一極端上，朱熹的「理」「氣」受了唯心論很多的影響。但都不如孔子對上帝信仰的這樣清晰。

有人認為孔子是個不可知論者，他們根據的是以下一段話：「季路問事鬼神，子曰：未能事人，焉能事鬼。敢問死，曰：未知生，焉知死」。「子不語、怪、力、亂、神」。「敬鬼神而遠之」。引這些話來證明孔子是個不可知論者是錯誤的。不知孔子在信仰上帝之外，也相信鬼神，他要遠離的是這些鬼神。

他對上帝就是他所謂的「天」所發的言論就多了。「子曰：天何言哉，四時行焉，百物生焉，天何言哉？」孔子認為「天」

在自然界中運行。孔子的門徒子夏說「死生有命，富貴在天」孔子的愛徒顏淵——好像耶穌的愛徒約翰——死了，「子曰，噫！天喪予，天喪予。」這裡看出孔子認為「天」與人類的日常生活有密切的關係。

講到這裡我們不能不承認，孔子信仰的是有位格的上帝，「天」不是清氣為天的天，也不是無位格抽象的原理。

論語又說：子見南子，子路不說。夫子矢之曰：「予所否者天厭之！天厭之！」天既會「厭」自然不是死、純物質的機械律了。

論語又說：「 子疾病，子路請禱。子曰：有諸？子路對曰：「有之。《誄》曰：『禱爾于上下神祇。』」子曰：「丘之禱久矣！」孔子是禱告的，不過他不但向上帝禱告，也向鬼神禱告。

孔子又說「獲罪於天，無所禱也」。孔子知道罪將人與上帝隔絕，可惜他沒有聽過基督教裡的救恩。孔子說：「不怨天，不尤人，下學而上達，知我者其天乎？」

這些引來的話，都證明孔子相信一位有位格超越的上帝，但將他的上帝觀與聖經的上帝比較，他好像以色列人遠遠在山下仰望西乃山上帝的榮光，而沒有摩西與上帝面對面交通的經驗。

現在再進一步來研究，孔子不但個人信仰而已；他並且將

上帝的信仰注入他的哲學裡。那就是他所研究的「天命」。

他對於「天命」存著敬畏之心，他說：「君子有三畏，畏天命，畏大人，畏聖人之言。小人不知天命而不畏也。」

孔子所說的天命，很像基督教所講的上帝的護佑，上帝的旨意，這裡發生了一個問題，孔子所說的「天命」是基督教的「上帝的旨意」嗎？我們今天不能討論這個問題，但我們知孔子是尋求他所認為的「天命」。

孔子的政治哲學的玄學基礎就是建立在天命上，在中庸裡也論到舜的時候，他引了詩經的話「嘉樂君子，憲憲令德，宜民宜人，受祿於天，保佑命之，自天申之。」孔子的結論是「故大德者必受命。」這叫我們想起羅馬書 13:1 節所說「權柄都是出於上帝」的經文。

孔子的倫理學也是建立在天命上，中庸說：「天命之謂性，率性之謂道，修道之謂教。」從孔子的觀點看，天性是上帝賜給人的，一定是好的，發展天性就是道，訓練啟發這個道就是教。孔子認為天性是善的，所以他沒有感到救主的需要，這是孔子與基督教的分歧點，也就是孔子的弱點。

因此，我們在這短短的探討中，知道孔子是信仰一位有位格的「天」，他也以「天命」為他的政治、倫理哲學的基礎，但孔子像我們大家一樣，需要一位救主，就是主耶穌基督，「祂就是道路、真理、生命，若藉著祂，人才能到上帝那裡去。」耶穌說：「你們必曉得真理，真理必叫你們得自由。所

以天父的兒子（耶穌）叫你們自由，你們就自由了。」

約翰福音 8:32~36 節。

A Comparison Between Xunzi's
& Marx's Theory of the Human Nature of Christianity
荀子、馬克思、與基督教人性論的比較
Circa 1971

基督教的人性論

人性論在中國的哲學史，占了一個很重要的地位，也產生了不少的學說，人性論在基督教的教義神學裡，也占著基礎的地位，也發生了不少的爭辯。這是因為一切政治，社會的設施，宗教所提出來「出路」，都是從「人是什麼」而著手，因此人性論就變成任何哲學體系的問題了。

研究一下基督教的思想史，就會發現在一個極端上，有泊賴基主義 Pelagianism 完全否認原罪的存在。在另外一個極端上，有奧古斯丁的信仰，他認為人的本性不論是肉身的、道德的，皆由亞當的墮落而完全敗壞。在兩者之間，有所謂半泊賴基主義，相信人的本性因亞當的遺傳而具有犯罪的傾向，如無上帝的恩典就不能行善，但不是完全墮落而失去意志的自由。

改革宗教的信仰是承自奧古斯丁，將原罪的教義發揮得最詳盡，他們把「原罪」分作四方面來講。

1. **原有的罪咎 Guilt** 這是由法律的觀點來看的：人犯罪而有罪咎，而有應受的刑罰，亞當以人類代表的地位犯罪，其罪咎也就歸之於人類。

2. **原有的汙損 Pollution** 人類因亞當的墮落，不但褫奪了原有

的義，也具有傾向犯罪的性情。

3. **完全墮落 Total Depravity** 完全墮落不是說人類壞到一種程度連一點良心作用都沒有了，對於神的旨意毫無所知，對於道德毫無羨慕，對人與人的關係上，完全沒有捨己的態度，也不是說一切的罪惡，都要去犯。完全墮落的意義是人的本性，身體靈性的各種性能都被遺傳性地敗壞所浸透，因此在對神的關係上，沒有屬靈的美善，能為上帝所悅納

4. **完全的無能** 完全的無能是指著與屬靈有關的事而言，敗壞的人還是可以做些屬世的好事，和宗教性的善行。但罪人無能力滿足上帝律法的要求，也無能力改變喜愛犯罪的性情去愛上帝。

以上四點，雖然是改革宗的教義，但在大體上都是中國教會所接受的。所以我們討論荀子的性惡時，以此四點為標準。

荀子的性惡論

稍微研究一下中國哲學史的人，都知道孟子主張性善，老子認為人性無所謂善惡，王充，韓愈有性之品論，揚雄是人性善惡混論，唯有荀子的哲學，主張性惡論，與基督教的性惡最相近，但其距離仍是相當的遠。

荀子是紀元前三三五至二八六年間的哲學家，他極力排斥其他學說，致力闡明孔子的教義，他在儒家的地位僅次於孟子，但他反對孟子的性善論，未能得到後代學者的擁護，沒有獲得

他應得的尊敬。

荀子性惡篇第一句就說:「人之性惡,其善者偽也。」這是他的題旨,他在此所用的「偽」字,不是指假冒偽善而說,乃是指「人工的」、「人為的」而言的。他又說:「不可學,不可事,而在人者,謂之性」。他在正名篇說:「生之所以然者謂之性」。這是他對於「性」的定義。

他在正名篇裡說「性之好惡、喜怒、哀樂、謂之情,情然而心為之擇,謂之慮,心慮而能為之動謂之偽,慮積焉能習焉而後成謂之偽」,這是說人的情緒是天生的人對於支配他的情緒,加以選擇叫做思考,由思考的選擇而發生出來行動,就謂之「偽」這樣的思考不斷的運用,這種行為不斷的累積,結果就是「偽」,用今天的名詞講,由教育,文化,社會壓力,所形成的生活方式,就是荀子所說的「偽」,「偽」就是後天所學的品格。

荀子性惡論與馬克思人性論

我們從荀子性惡論,可以瞭解法家韓非子的權力政治,會感覺到兩者有默契有淵源,我們也可以從荀子來瞭解馬克思的集權主義。

荀子認人都性惡的,必須用禮儀音樂法制來「化性起偽」馬克思認人性是經濟環境造成的,具有高度的階級性,資產階級因為是資產階級的緣故就是「剝削的」、「反動的」、「反革命的」,對付的方法是鎮壓是鬥爭是消滅。連其子孫也具有

同樣的「反動性」，一些階級性比較輕微的，就加以洗腦勞改。

另一面勞工階級是「受剝削的」、「受欺壓的」，除了他們的鎖鏈外，別無一物，可以丟失。他們階級性是「爭的」、「正義的」、「合理的」，由「勞工階級的專政」，人類才會進入無階級的社會，再無壓迫，再無痛苦，滿了「公義」，完全「合理」。

馬克思對於資產階級的看法，是荀子的性惡論，這些人是不可能救藥的，必須加以消滅；勞工階級是從孟子的性善來看的，認為不可能自私自利，必定是「公正而利他」的。這樣階級專政是在馬克思人性論上打定了基礎。

馬克思主義的階級人性論，又是建立在他經濟決定論的基礎上。我們問題是，人性是外面經濟因素造成的呢？還是天生的呢？社會的罪惡，僅僅由經濟造成的還是另有成因呢？資產階級真的「無善足述」嗎？無產階級樣樣完全，沒有一點惡性嗎？經濟的不平等，真能完全消除嗎？資產階級完全消除以後，人類之間就再不會有罪惡了嗎？

到了無階級社會建立以後，國家政府皆要萎退，人類就不再有罪惡了嗎？因此法律的管制，懲治的制度荀子所說的禮儀法制都是不必要的嗎？基督教所傳教恩，都是多餘的了嗎？那麼革命五十年的蘇聯，建權廿三年的中共，都該是天堂了？沒有任何罪惡？沒有政權的鬥爭了？真是這樣嗎？毛劉之爭、毛林之爭是出於經濟的階級鬥爭呢？還是同階級的權力鬥爭呢？

　　美國自由派神學領導人物尼布爾，在他「人的本性與命運」一書對馬克思的人性有評論說：「但馬克思不瞭解」，「求權意志」，這就說明它為何希望在人類的物質欲望滿足後，即可以達到完全的和諧，而卻不想在俄國可以造成一個新社會，其中卻有新的寡頭政治，不受社會制裁，而表現著可怕的暴虐。「尼布爾若在今日寫著此書，必然會將中國大陸權力鬥爭是現象，包括在內的。」

結論

　　總之，聖經的人性觀，是最現實的，最澈底的，對於人生的救藥，也是澈底的，也是有醫治的能力的。那就是上帝已將又寶貴、有極大的應許賜給我們，叫我們既脫離世上從情慾來的敗壞，就得與上帝的性情有份。（彼得後書 1：4）

Christian Cosmology
基督教的宇宙觀
Circa 1972

今日得與同學們歡聚一堂，是一件最令人興奮的事，諸位在炎暑逼人的天氣中，抱著滿腔熱忱來研究基督教，真是叫人心感。

基督教根本的教義是在信神，所以基督教的宇宙觀，亦是一個有神的宇宙觀，羅馬書 11 章 36 節說：「萬物都是本於神，倚靠神、歸於神」。這幾節經文概括的說出基督教的宇宙觀，現在可以分條加以說明：

一、本於神

教督教坦白的承認萬有本於神，宇宙是神所創造的，宇宙總有一個開端，在開端以前是無，在開端以後是有，從有到無的過程中，總有一個因，總有一個力，我們稱之謂神。

我們不信宇宙是神所創造的，就不能不承認宇宙的來源是偶然的，是盲目的，但我們曠觀宇宙的偉大，細查大自然的奇妙，叫我們不能對於偶然之說加以贊同，譬如有些從來不知有船的人，偶然在海邊發現一隻構造精密的輪船，他們上了船加以觀察研究，然後聚會討論討論這船的來源，有人說這船經幾萬萬年的長期進化才有今天的規模，在很多年前不知如何有鐵礦從山裏爆發到海邊，又經若干年的日曬夜露，漸漸成為鐵板、鐵棍、鐵螺絲，再經過若干年偶然的自動配合，加上木料，始有了今

天這一隻奇妙偉大的東西——船。另外有一個人說：這船是有一些人，經過精密的設計，利用各式的材料，再加上許多工人的工作，造成這樣一條輪船。這兩種的論調很明顯的看出誰是非，我們基督徒相信宇宙是一位神所創造的，這是多麼合乎常識的看法。

那麼神是誰造的呢？許多人是要這樣反問的，這是一個沒有答案的問題，不是因為沒答覆，乃是因為問題本身是不合理的，神之所以為神，就是因為是宇宙的第一個因，若是從另一個因而來呢？就不是第一個因，乃是第二個因了，所以若問第一個是從何而來呢？這個問題是自相矛盾的。

二、倚靠神

基督教認為宇宙之運行是倚靠神的大能，聖經有一句話語。「祂用權能的命令托萬有。」就是這個意思。

一般人很膚淺的以為自然界的運行是依著一定的原則，就是所謂自然界的定律而運行的，地球繞太陽一次，需要三百六十五天五小時，四十一分四十一秒，若是每年相差一秒，在一萬年後將要相差兩小時多，但地球從未有過一小時的遲誤，這是多麼準確呢？

有人以為這是自然的現象，是天生如此，我們基督徒的看法則不然，我們一方面承認自然的定律，一方面我們要找出誰是律之製定者，誰是律之執行者，照我們的常識而論，何處有律何處就是有執法者，我們看見一個井井有條的家庭，我們就

不能不想到一個善理家政的主婦，我們看見一隊紀律嚴明的軍隊，我們就不能不想到一個善於訓練的軍官，同樣我們看見一個精密準確的自然律，我們就不能不想到神是自然律的製定者，亦是自然律的執行者。

宇宙的本體論自古就是學說紛紜莫衷一是，我們沒有時間加以介紹、討論，但最新的物理則以為物質的基本是力，由分子而原子，由原子而電子，分析到最終所存在的，就是力而已。我們基督徒認為是一個新啟示。對於我們宇宙觀是個有力的證明。照我們看來，世界是藉著神的話造成的，所看見的並不是從顯然之物所造出來的。基督是神榮耀所發的光輝，是神本體的真相，常用祂全能的命令托住萬有。萬有的生存是神能力的運行。

有一位科學家說「物質不是別的乃是力，力不是別的乃是意志，是最高的意志。」（Matter is nothing but force, and force is nothing but will — the will of the Supreme Being）對於宇宙的這種認識乃是最近的事，但基督數千年前，就早已抱著這種見解了。

三、歸於神

這就是說宇宙的最終目的是在榮耀神。我們若相信宇宙是神所創造的，萬有的生存是神所運行的，我們就不能不承認神對於宇宙有祂的計劃和旨意。

幾年前曾遇到一位某大學哲學系主任，他說「我認為神是宇宙的總和。以某某大學為例吧，房子不是某某大學，書藉不

是某某大學，教員學生不是某某大學，某某大學乃是這一切的總和。神就是宇宙的總和。」表面看來他的見解是很有理由的，但卻不是基督徒的信仰。我指著地板上的地毯說，神是宇宙的總和，這個地毯是不是神的一部份了呢？他說「是」。我就不能同意他了。宇宙的總和若是神，神與宇宙就不能分開，神亦不能離宇宙而獨立。那麼在沒有宇宙以前也就沒有神了。神怎能創造宇宙呢？他所信的神，就不是我所信的神了！

神不是宇宙的總和，也不是一些空洞的名詞，像真善美一類的理想。基督教認識神是一個有思想感情意志的位格。神雖不是具體的物質，卻是一個屬靈的實在 (A Spiritual Reality)。神不是一個盲目衝動的能力，乃是一個有位格的神。從宇宙的奇妙創造，可以看出造物之主是有意志的。從宇宙的美麗看出神是有感情的。被造之物像人這樣尚且是有位格的，何況造物之主，豈不是有位格的嗎？

神既是有位格的，而不是無位格的盲目的力量，我們才能相信宇宙是有意義的，是有一個目的的。一個無位格的力量，其本身是沒有感情思想意志的，其運行一定是盲目的衝動，是沒有目的，沒有計劃的，若是如此，我們怎能從宇宙中，找出意義來呢？一方面承認宇宙的本源是盲目的、偶然的，一方面又要在這盲目偶然的宇宙尋求他的意義，這太矛盾了。

基督教相信神是有感情意志思想的位格。祂有計劃的，祂有目的創造了宇宙，宇宙的意義就是在被造之物成就造物者的

旨意，以榮耀祂。我們人類是宇宙的一部，我們的意義也是在遵行祂的旨意榮耀祂。

就這個結論來推論，一定有人要問宇宙既是神所創造，為甚麼還有豺狼虎豹蒼蠅蚊蟲之類來害人呢？這是屬於另外一個問題，今天沒有機會討論，但可以簡單的說明，所造的宇宙原是美麗的和諧的，這一些的矛盾不是神所創造的，乃是人的罪所造成的。

總之，基督教的宇宙觀是以神為出發點，一般人對基督教之達觀、積極、犧牲、博愛都無疑的欽佩，但基督教之所以為基督教，在根本上是因為抱定這樣一個宇宙觀，從這裏來研究基督教才能真正的認識基督教。

The Political View of Christianity
基督教的政治觀
Circa 1972

「基督徒應當參加政治否？」這個問題在美國教會裡已不成為問題。現在他們當前的要務，是檢討基督教對於政治的理想與實踐。我們華人教會還是停滯在「應否參加政治」這個爭辯中。我個人不是政治學家，更不是政治家，但對於教會及基督徒個人政治的關係，卻是異常關切，所以現在將「管見」提出來，做大家參考，希望拋磚引玉，引起教會人士的注意。我所用的「管見」一詞，不是假意的客套，乃是真誠的話。

一、什麼是政治？

我應當將我對「政治」這個名詞的了解，先行解釋一下：

(一) 很廣泛的說「政治是人與人在社會關係中總錯綜」這是韋氏字典所下的幾個定義之中的一個，意思是說人與人在社會有其互相反應及互相衝突的關係，將這種種交叉錯綜複雜的關係綜合起來，就叫它為「政治」。

(二) 中文辭海說，政治就是「統治國家一切行為的總稱，即國家權力之活動也」。

在韋氏字典另有一個定義與此意義相近：「政治是有關影響、爭取、控制政府的種種活動。這兩個定義把政治的活動，具體化在國家權力及控政府的範圍內。

（三）我的書架上，有本政治學教科書是這樣說：「政治就是爭取和執行權力」。

「政府是確定行為標準，保護利益民權的過程」。更具體的講：「政府是對整個社會的法則與政策，作有權威決定的機構與過程……包括所有一切影響，決策，執行的相互反應，就如立法機關、政黨、與論、社會階層等等」。

「政治」這個名詞，不僅指「治人」的機構，也包括「被治」的人民，換句話說「政治」不是「政府」的代名詞。有政府而無人民，不成為政治，等於有教員沒有學生，不成為學校一樣。治人者彼此間複雜的關係，被治者彼此間複雜的關係，治者與被治者彼此間複雜的關係，綜合起來，謂之「政治」。

二、超脫政治可能嗎？

一個人不能參加體育會，對於他的生活沒有大影響，他不參加音樂隊，他的生活也不受什麼影響，但他沒有方法超脫政治的影響。

兒子要去服兵役，父親要納稅，他若是逃避兵役或是關瞞稅，他就受法律的懲罰。志願軍制度呢？強迫軍役制度呢？什麼人應該納稅呢？納稅多少呢？稅收做了什麼用處呢？這是政治上的決定與每個人都有關係的，是逃不脫的，超脫政治是不可能的。

亞里斯多德說人是「政治的動物」。意思說，人的生命中

就包含了「羣居」的天性，是不能單獨生存的。夫妻子女合成了最基層的社會單位，由家庭而村庄而部落，自然的形成了一個政治單位。

亞里斯多德在「動物史」一書內，將動物分作獨居的與羣居」的兩種，羣居的又分為有系統者與無統治者兩種，人類是屬於羣居的，是屬於有統治者的一種。

在他「倫理學」一書內說：「沒有人肯以獨自生存為條件，換取全世界的所有權，因為人是「政治的動物」天生就是與其他的人類共同生活的」。

在他 「政治學」一書內，他說「就天性說，國家是在家庭與個人之前，因為整體必是在零體之前。要證明國家是大自然所產生的，且其存在是個人以前可以看個人獨居時是何等不能自足就知道了。並且個人是整個的一部份，若是一個人不能與其他的人類羣居，而單獨的個人，竟能自足自給，那麼他不是個獸類，就是神仙」。

所以我們可以說人是不可能超脫政治的，主耶穌說：「該撒的物當歸給該撒，上帝的物當歸給上帝」這是說，一個人一方面有對上帝的義務，一方面也有他對國家政治的義務。主耶穌沒有說，人只有對上帝的義務而沒有對國家政治的義務。從主的話來說，人是不能超脫政治的。

三、不同的政治哲學

政治哲學形形色色，不但是各執一端而且彼此矛盾，現在為配合聖經的原則教義，我就提出一些問題來，先行介紹這些有代表性的學說，然後將我個人研究聖經所得，並列出來以作比較，以發揮基督教的立場。我再聲明一下，我所提出的是鼓勵信徒用作參考的資料，我不認為我的見解是絕對的。

(一)政府是必要的嗎？

絕對大多數的政治哲學家，認為政府是必要的，只有少數人有相反的見解。克魯包克金（一八四二年至一九二一年）就是其中的一個。他提倡無政府的共產主義，他曾為蘇聯的共產主義利用為工具，一旦得勢，便將他打倒。托爾斯泰主張宗教的無政府主義，從耶穌的教訓裡，抽出一些理由，否定國家的存在和財產的所有權。無政府主義這個名詞是普羅漢（PROUDHON）在一八四零年開始使用的，他反對暴動混亂，雜亂無章的現象，主張人類應發展自動精神互相合作，而不需要任何政府的控制，與老子的「無為」而治，具有相似之點。後人每以暴動混亂，為無政府主義，是與原意相反的。

這些無政府主義者都是反對馬克思主義的，像貝顧寧（BAKUNIN）曾於一八七二年第一個國際的會議中擊敗馬克思。他說共產主義最後會將一切的財產集中在政府手中，藉口提倡正義教化人民，而實行奴役壓迫榨取和拆毀的路線。

但我個人對於聖經的研究，認為基督教是主張政府必要的，中世紀神學家亞奎那他「論神的政府」一書裡有句話說：「人

類是天生的社會動物，所以在未犯罪前的無罪時代，人已有社會生活了，一定需要領袖帶頭指揮的」。

彼前4：10節說「各人要照所得的恩賜，彼此服事作神百般恩賜的好管家。

在無罪時代人自然也是照樣各盡所能的」亞奎那又說」：「在無罪時代人的景況不會高過天使，天使尚有天使長及其他等級，人自然也會有的了。」如果在無罪時代人類是需要政府的，現在的世代，更是需要的了，不但現在，就在千禧年內，仍是有主基督的政權存在的。所以我說，基督教認為政府是必要的。

(二)自然社會，STATE OF NATURE 是怎樣的？

自霍布斯 HOBBES 提出「自然社會」這個問題到現在，凡是研究政治思想的學者，不管是那一派，都要先解決這個問題，才能談到其他。自然社會是在未有政府，沒有法律，沒有民政以前的那個社會。有人認為根本就沒有這種社會存在過。有人認為這不過是研究和解釋政治來源時，所以必需的一個假定，但霍布斯則認為這是當初確有的事實。

霍布斯認為自然社會是在戰爭狀態中的。他在他的名著「政治國家」一書內說，「在自然社會中，沒有一種共同的權力，使人人畏懼，他們生活的那種狀態，就稱為戰爭」。「戰爭不僅是打仗而已，也包括準備戰爭的時期，戰爭性的時間，與天氣性的時間一樣。不是一天兩天的事，而是將許多天的天

氣變化，聯合起來，才能知道」。「在戰爭的時代，每一個人是另一個人的仇敵。除了靠本身的力量外，別無安全之可言，因此沒有工業……沒有文化……沒有灌溉……沒有海運的貨品……沒有安舒的房屋……/沒有對地球的智識……沒有時間意識……沒有美術……沒有文藝……沒有社會……所有的就不斷的畏懼，死亡的危險，人的生活是獨居的貧窮的，野蠻的，短促的。」

在這種情形下，人需要和平，需要自衛，他們就放棄一些本有的權利，在「你要別人給你多少自由的交換條件下，你也給別人多少自由」「別人捨棄多少自由，你也捨去多少自由」這樣的彼此訂下契約，再授權給某個或某一些人去執行這個契約。這樣呢？就產生政權。

洛克 LOCKE 則主張自然社會，是不在戰爭狀態中。不過人在自然社會裡有許多困難和不利，這些都是從無政府狀況中而發生的，他們發現如果生活在民法的社會中的話，可以免去很多的惡劣問題。在此看見，霍布斯與洛克對自然社會的推測不同，因此對於當初人類組織政府的起因，也有不同的看法。

聖經怎樣說的呢？若是照時代主義的解釋認為人治時代是在洪水以後才有的，那麼從始祖趕出伊甸園到洪水為止，是「自然社會」。若照亞奎那的說法，認為人類未犯罪以先，就有了某種政府，人類就沒有所謂的自然社會。假定伊甸園到洪水的這個時期，真的是自然社會，那人類一定是在戰爭狀態中。

該隱了亞伯，他說凡遇見他的必定殺他。土八該隱是製造鋼鐵利器的軍火工業家。拉麥說，若殺該隱遭報七倍，殺拉麥必遭報七十七倍。聖經說挪亞的時代地上滿了強暴，人都敗壞了行為。洪水過去，上帝和挪亞立約，在這約中上帝奠定了人治政府的基礎。（創 9:6 節）

(三) 政治的目的是什麼？

回答這個問題，得先知道政治是國家權力的執行，所以討論政治的目的，亦即是討論國家的目的。

霍布斯認為人類是社會的動物，是群居的，但同時又兇猛的動物。自然人在完全自由狀態中，強者欺弱，然後強者又為更強者所欺侮。人類社會有可能自行消滅，因此人類就建立某一種形態的政府以求自我生存。

洛克認人性是和平的、互助的、羣居的，原始社會並不是戰爭狀態，但為了求大眾的幸福，組織了某種形態的政府，以求更有效率的生活，這裡面包括了生存、自由和產業。

馬克斯認為「國家是為了保護既得利益，欺壓無產階級的工具，無產階級要藉着政治建立共產政權，最後國家這個組織會自行萎退的」。不過照本文作者看來若是國家的目的，不僅僅保護財產，而是有其他作用的，就算經濟問題能以解決的話，政府仍是要存在的，不會萎退的，馬克斯將問題看得太簡單了。

黑格爾說：『國家的目的是為了人民的幸福，因此人民若

不是都是快樂的，若是人民主觀的目的不能達到，若是他們認為國家不能使他們得到幸福，國家的基礎就搖動了』。

斯賓挪沙認為國家的目的是為了公道正義，他說：「他說在自然社會裡，無所謂公道正義，強權就是公理，有了國家人人都要限制他們的自由權，規定了一些標準來做公道正義的標準」。

聖經對於國家政治的目的，有以下的明訓：

1.賞善罰惡（羅 13:3）

2.抵抗外患（撒上 12：12）

3.為了神的兒子（西 1：16）

4.做神的用人（羅 13：4）

頭兩項是為了人民對內對外的安全，次兩項是對神的關係。一個蒙神悅納的國家政治，必須對人對神盡到本份，達到目的才行。若是缺乏二者之一，就在上帝面前不夠標準了。

基督教的人生觀是每一個人都應當榮耀上帝，永遠以上帝為樂，終其生遵行上帝的旨意。基督教的國家觀同樣以國家為上帝所立，其目的是為神所用，成就神在歷史裡為該國家所定的使命。最終的目的是個人也好，國家也好，全人類也好，都是為著神的兒子耶穌基督。

(四) 個人至上呢還是國家至上？

　　這是政治思想一個基本問題。民主制度主張個人自由，集權制度提倡國家至上。近代的個人主義以杜威代表，所謂個人主義，不是一般人所認為的自我主義，損人利己，自私自利。他認為個人是尊嚴的，個人不該變成達到任何目的的工具。個人是以其個人為目的，發展其個性達到其人生使命。同時個人是在人羣中發展，社會就是各個個人交換經驗的所在。個人可從社會接受貢獻，以達到更完美的人生，而他對社會也能貢獻其所長，叫他人同樣受益，這是現代民主制度的哲學。

　　國家至上主義在黑格爾的哲學中成為絕對的真理。他相信宇宙間有個宇宙性的理性，在人類歷史中，不斷的運行發展，藉著不同的社會組織，以辯證正反和的方式將其理性發揮出來，成為具體的形式。在這過程中某種社會消滅了舊有的社會，這個宇宙理性就在新社會裡繼續的表現自己。後來這個新社會，又為一更新的社會消滅，理性再在這更新的社會裏發生作用。這樣不斷的推動，其最後的發展，乃是國家。照他看來國家就是宇宙理性最高的發展。

　　因此每個個人應是國家的成員，他沒有自己的意志。應該以國家的意志為意志。這在馬克斯主義者看來就是唯心的辯證論。馬克思套取黑格爾的辯證論，以經濟代替宇宙理性為社會的動力，以無階級社會代替黑格爾*的國家*，但黑格爾與馬克思同樣的反對個人主義，所以都屬於集權制度的哲學。

　　個人主義與國家至上主義之爭，牽涉一個哲學問題，中古

經驗派的哲學，有兩種相反的學說，第一種謂之唯實論，認為整體是實有的，零體是不實在的。譬如說森林是實有的，而個別的樹是不實在的。第二唯名論，認為零體是實有的，整體是個名字而已。個別的樹是真實的，森林不過一個名詞而已。同樣的理論應用到國家與個人上面來，就形成了今天個人主義的民主制度，與國家至上的集權制度的爭辯。

基督教的立場，在問題上是怎樣的呢？一般聖經學者沒有明確的見解，因為基督教的神學家仍在唯實論唯名論之間搖擺不定。在一個極端上，有教會至上的論調，在中世紀達到高峯。在另外一個極端上，有個人靈修派各自獨立，與組織的教會毫無關聯。很多人則介於兩者之間，有時提倡個人自由，有時主張教會至上，沒有明確立場。對於政治上的個人主義與國家至上主義，大都不置可否。照本文作者個人看來，聖經所教訓的，既不是個人主義也不是國家至上主義乃是基督至上主義（西1:15-18）。明乎此，基督徒就不會偏袒個人主義裏自私成份，也不會盲目同情擁護反上帝的集權制度了。

(五) 政府的體制應該是怎樣的？

在本篇的開端本文作者曾經引用一個定義：「政治就是統治國家一切行為的總稱，即國家權力之活動也」。這就是說，有國家就有統制，但用什麼方式，什麼制度來統制國家呢？這就是政治的一個基本問題。

從一個基督徒的立場來看這個問題，我不能不將各種不同

的制度，歸納成為兩種，第一種：人本主義的制度，第二種神本主義的制度。

人本主義的政體，再由最高權力何屬，而分為三種

(1)最高權力由一個人執掌的謂之君主制。霍布士認君主專制是最好的政制，他認為君主是上帝在地上的代表，他是上帝的發言人，因此君主是不會錯誤的，這就所謂「神聖君權」。這種政體如有賢良的君主，就有「王道」；如果君主為非作惡，就形成暴政。中國古時的堯舜被人尊為人君的模範，紂桀被人唾棄成為暴君，就是個例子。在這個制度中君王賢良與否，決定了人民的幸福，與政體的素質。

(2)貴族政治或稱為寡頭政治，是國家最高權力由少數人掌握的政體。柏拉圖認尾為人生而不平等，各有所能。最高的是哲人統治階級，其次為軍人，再次為商賈，最低者為奴隸。國家大事應由最智慧的頭腦，最慈仁的心地去辦理，這是柏拉圖在「共和國」一書內的結論。在實際上，貴族政治真有具有這樣的頭腦心地的哲人來統治，政治可能很上軌道，但這樣的哲人統治者，何處去尋呢？**由此可見「人」仍是個問題。**

(3) 民主政治即所謂的「德謨克拉西」。其政治是以人民全體來運用權力，簡單的說就是民有民治民享的政治體系。在希臘古時的城市國家，部份的實行了民主。洛克是近代發揮民主政治的一位。他認為國家的主權屬於人民，統治者是人民的公僕。國家的法律只限於社會公共利益的範圍，除此以外人民應

當有完全的自由。

他認為人類的自然社會，不是戰爭混亂的而自由平等的，國家是這些自由平等的人立約而成的制度。執法者。不應當同時是立法者，因此提倡分權制度。但是洛克的哲學很容易引到放任主義，自由競爭，引到大喫小的資本主義。同時民主制度會因多數人的無知、自私、引起暴動的羣眾統治。結果「人」仍是民主制度成敗的關鍵。以上君主專政、貴族政治、民族政體，各有長短，要緊的是看「人」如何，掌握權力者是否得人。

第二種是神本主義，國家政治以神來掌握最高權力，政治活動由神旨來指導。

一談到神本主義，一般人就認為是迷信，認為是過去統治神道設教愚弄人民的假話，不堪一笑。這是因為過去確有假藉天命愚弄人民之事存在，同時也是因為教會沒有將聖經的神權政治的意義準確的發揮。

中國神話裏，常提到某某皇帝是真命天子，是北斗星下凡，是龍的轉胎。當時的老百姓的確也是如此相信，確是一種愚民政策。

中古教會以教皇為神的代表，凌駕在各國國王之上，其理論就是上帝至上，應該統治國家，教皇是神的代表教皇就有權統治國王。神是沒有錯誤的，神的代表也是沒有錯誤的，國王與人民都當絕對順從。這種制度的缺點是教皇不一定是神的真代表，是會有錯誤的，是會有自私的，以致這種神權政治形同

暴政，矛盾百出，這不是真正神本政治。

英國詹姆士第一認為其主權不是人民所授，不向人民負責，乃是出於神授，對人民有絕對的統治權。因此引起了革命。這不是真正的神權。教皇的「神權」政治，國王的「神政」政治，都不是聖經的神權政治。

聖經的神本政治分做兩階段：

1.直接神權時代

這個時期由摩西起直到撒母耳。在此時期，神直接統治。

摩西、約書亞、士師、不過是神的發言人。他們是與上帝有個別的靈交，他們在行政問題尋求神的旨意，一切法律由親自授與以色列人。。他們如果順從神的律法，神就施恩給他們，國家就強盛，人民就平安，否則神就行罰審判。如果以色列人悔改認罪，神就興起人來加以拯救。士師記所說：「那時以色列中沒有王，各人任意而行」。從壞的方面說：以色列人各隨己意，無法無天。從好的方面說，個人皆係自由，可以自動選擇神的律法，敬畏上帝。也可以選擇偶像，犯罪作惡。但整個民族的審判權，則掌握在神手中。

2.間接神權時代

這個時代自掃羅王起，一直到現在，仍然繼續存在。在這個時代中上帝准許君王的存在，統治人民，但上帝仍掌握最高權力，人民與君主都要順從上帝，否則耶和華的手，必攻擊他

們。撒上 12 章所載撒母耳的自白，將間接神權的政治原則，清楚明白的指明出來。掃羅的被膏，被靈感，製籤、登基、勝利、犯罪、被神厭棄，軍事失敗，最後自殺，是此原則的明證。大衛合神心意，凡事遵行神旨，繼掃羅為王，戰爭勝利，國泰民安，是另外一個例子。所羅門起一直到約雅斤被擄，耶路撒冷陷落，聖殿被毀就是列上列下，歷上歷下所記載的歷史，都是證明君王行耶和華眼中看為惡的事，就被刑罰，如君王行神眼中看為善的事，神就賜福，這是接間神權的運用。

神對於以色列以外的列邦也是如此。申 9：4 迦南人被滅不是因以色列的義，乃是因迦南的惡，申 8：19 說「以色列若忘記耶和華，神怎樣使列國的民滅亡，也必使以色列人滅亡」。以這原則看，亞述、巴比倫、瑪代波斯、希臘、羅馬的興起與毀滅都是神的作為了，在大先知好小先知的書裡猶大、以色列、巴比倫、埃及、古實、推羅、亞述、大馬色、非利士、以東、亞捫、摩押、這些國家、都是由耶和華負着懲治的責任。我們可以斷言，上帝一直運行在歷史中，現在如此，將來也是如此，直到基督再臨。這是間接神權在人類歷史中所運用的記錄。

換句話說：國家的興亡是在神手中，興亡的標準在國家是否順從耶和華，順從與否的標準在其政治上的措施，是合乎神公義而定。更要緊的是要看敬拜上帝還是敬拜其他的神。

人本主義的政治與神本主義的政治，在此就分得清楚了。

（六）人性論與政治？

有人對於「政治」下這樣一個定義：「政治是大眾的事」。換言之，政治就是人與人間綜錯複雜關係的總和，那麼人性是怎樣的，就是政治決定的因素，因此政治哲學總離不開人性論。

中國的孟子主張「人性善」。他的政治主張是行「仁政」。他說「先王有不忍之心，斯有不忍之政矣」所謂仁政是推己及人，而老吾老以及人之老，幼吾幼以及人之幼，皆是由性善為此出發點。

西洋的盧梭也是主張人性是善的，但以人類的社會是惡的。他認為人必須有善良優美的社會環境，才能發展其真我，因此造成良好的社會，新的教育，優良的環境，才可以叫人達到本性的發展。

荀子與其學生韓非子主張性惡，荀子因此要創制禮義，由禮義而法度，來「化性起偽」（見 1972 年 3 月 12 日福音報拙著人性論的比較）韓非子則提倡權力政治，以法治重嚴刑，好像是現代集權政治。

西洋的馬基雅弗利 MACHIAVELLI 有些與韓非子相同，他認為人的獸性是不可理喻的，統治者必須有比獸性的人民更慘毒的獸性，更狡猾的獸性。他必須是個狐狸同時又是獅子。基督教是相信人性惡的。(耶 17:9)，因此認為不管是什麼政體，君王專制，貴族政治，民主政治，不管什麼經濟制度，是資本主義，是社會主義、共產主意義，一天人性是惡的，一天就是罪惡，不過罪惡的表現各有不同就是了。我們可以重複的說：任

何政體的成功，必須有好的統治者，及好的人民。歷史上沒有一個完整成功的政體，原因就是在此。

基督教認為政治的基本的改變，不是在政體，而是在人心。當然人改變以後，還得要政治基本的改變，不是在政體，而是在人心，。當然人心改了以後，還得、要改政治制度，但不改人心，雖改體制也沒有用處。所以耶穌說，人若不重生，不能進神國。但我再聲明：基督徒不是，只改人心就夠了，重生的人還得以上帝的旨意、公義、慈愛、打入政治體系去，才會發生、鹽光的作用。

（七） 歷史觀與政治的關係？

要了解個人，必須先了解他社會背景：要了解他的社會背景，要了解國家，不但要了解其過去的歷史文化，更要在整個歷史觀裡找到其任務。

現代歷史觀有司斑格勒的西方文化衰微論。有希娃物叟的倫理世界觀。有湯恩比的文明崩潰史。**但有系統的歷史論，還是不出下面的三種：**

(1)**黑格爾的辯證唯心論**，在前文已經略加說明，故不贅敘，他的歷史觀是「宇宙理性」在人類歷史中經過不同的階段，發展自己，到了有組織的國家時，而達到最高峯，他認為德國就是歷史最高峰的國家。

(2)**馬克思的唯物史觀**，認為人類歷史就是一部階級鬥爭史，

歷史動力中心就是經濟。他以經濟來解釋一切歷史，第一階段是原始共產社會。第二奴隸社會是由狩獵生活轉入農牧生活，產生貴族階段與奴隸階級的鬥爭。第三是封建社會，皇親戚有功 臣宰封立諸侯各據一方，擁有大批能農奴，榨取享受，形成農奴與封建階級鬥爭。第四是資本主義社會，由工廠的資本家專利生產工具，榨取勞工，貧富相殊，而形成勞資鬥爭。在此四個時期，國家是資產階段的工具，保護既得利益，在第五期無階級社會建立以前，工人必須專政，利用政權，毀滅階級敵人，建立社會主義，到時個人既無財產，也就毋需政府，國家制度就自萎退了。

(八) 聖經的歷史觀

(3)奧古斯丁的「上帝城」，是有系統的討論歷史的第一部書。他的歷史觀或稱為神佑的歷史觀或稱天命的歷史觀。他從創造天地，人類墮落基督救贖，世界末日到永生永死作一個戲劇性的敘述。他認為世間有兩座城，一個是上帝城，一是撒但城，用今日的言語來說，就是上帝的國和撒但的國同時並存，人類的歷史就是這兩個國家的戰爭史。表現在外的是兩種道德的戰爭和兩種生活方式的戰爭。上帝藉著上帝的國在人類的歷史裡運行朝向正義和平的方向進展，另一方面，撒但在進行顛覆上帝的權力，破壞上帝要為他兒子建立的天國，而建立撒但自己的國家，上帝藉著救贖由聖靈工作，以期基督再來建立千禧年國，這就是上帝的永世計劃。

因此我們可以說歷史是動的，是戰爭性的，是兩個屬靈的力量透過個人及國家社會的戰爭，具有確定的目的，舉凡個人的生活意義，國家的最後目的，人類的終結，都與神永遠的計劃不能分開。今天的國家，今天的制度，誰是站在上帝這邊？誰是站在撒但一邊？國家的問題，要從這個大前提下來看，才是合乎聖經的。

四、教會與國家

教會與國家的關係，一直是爭辯的問題，大體上可分為三派主張：第一派主張「合一」，第二派主張「隸屬」，第三派主張「分立」。

霍布斯認為君主是上帝在人間的代表，上帝藉着君主說話，所以宗教自由是不可能容忍的，君主的宗教就該是人民的宗教。他說教會也好，國家也好，兩者皆是由同一個信仰的人民組成的，皆在一個人的統治之下，所以教會與國家是合一的，是不能分開的。這種說法雖然不能為現代的人接受；但與現代的黨政合一的，以黨治國的理論，卻是同工異曲，基本的理論是相同的。

隸屬論包括國家應隸屬於教會，及教會應隸屬於國家二種主張。第一種主張可以奧古斯丁做代表，他說，教皇既司屬靈的事務，也管理屬世的事物務，所以國王是為教皇服務的。因此，國家隸屬於教會。第二種主張可由馬悉里斯 MARSILIUS 做發言人，他說，教會與國家是兩個不同集合體，教會應該隸屬

於國家。現代的國家以教會為社團之一應受國家的支配，要配合國策，做國家推行政策的工具，與現代集權國家的主張是不謀而合，並且這種趨勢正在方興未艾。

對「分立」主張，但丁有他一套的理論，他認為有兩種不同的最高目標，人是為這兩種目標而生活。這兩種目標是根據人天生的素質而來，人有其可朽壞的身體部份，也有其不朽壞的靈性部份。人世間的快樂是發展理性達到完美的地步。屬天的快樂是與上帝相交而深深認識祂。人藉著哲學而啟發他道德與理性的才能，藉著屬靈的教訓，就是超越理性的教訓，來發展神學的能力，以達到信望愛的完成。根據這一點，他發揮國家與教會分立的主張。

現代的「政教分離」是由洛克的思想發展出來，他認為國家是人的組合，以尋求、保守、發展其民法的利益的。教會是人按其信仰而有的自由組合，以期靈魂得救，敬拜上帝的。洛克的主張，在美國憲法內得到具體的實現。「國會不得以立法建立任何宗教，亦不能以立法禁止宗教的自由。其要點是政府不應以政府地位來建立國教，亦不能以政府地位反對任何宗教。

五、聖經的教會與政治觀

現代教會討論「教會與政治」這個問題，大部分都引證以下三段經文。

(1) 太 22：18-22 耶穌所說「該撒的物當歸給該撒，上帝的物當歸給上帝」。很多人根據這段經文，強調基督徒不應該涉

及政治。相反的，此處主耶穌提出來的，正是基督徒對國家對國家的責任。每個基督徒逃不了對國家的責任，正如基督徒不能逃掉對上帝的負責一樣。同是一個基督徒，他有對上帝及教會的責任，同時也有對國家與政治的責任。

(2) **彼前** 2：13「你們為主的緣故，要順服人的一切度，或是在上的君王」這裡所說的「為主的緣故」就本文作者手中所有的註釋都解為「在主的範圍內」那就是說，在合乎主旨意的範圍內，應當順從制度，順從君王，另一面說凡不合主旨意的，就不應該順服。這裡的經文就與使 4：19「聽從你們，不聽從上帝，這在上帝面前合理不合理你們自己酌量罷」的經文吻合。

(3) **羅** 13：1-2「在上有權柄的，人人當順從他，因為沒有權柄不是出於上帝的，凡掌權的，都是上帝所命定的」。同章四節「因為他－掌權者－是上帝的用人」。權柄出於上帝，我們在本文前面已經講過，這就是神權政治或天命政治的根據。尤其是掌權者「是上帝的用人」一句將掌權者對上帝的責任講得實在明顯不過，掌權者應該盡「用人」的本份，遵行上帝的旨意，做成祂的工，當他做上帝的工作時，基督徒應當順從他，他若不順從上帝，信徒就不應當順從他。

在此誰是掌權者？這個問題值得研究。在君主專制及貴族政治，和集權制度裡，在法理上人民不是掌權者。但統治者不管他們政治哲學是怎樣的，他們都是神的用人，他們的責任，都是順從神。他們不聽順神時，基督徒就不該順從他們。但在

民主政治裡，最高權力是屬於人民，人民掌權是上帝所命定的，人民應當使用神權，決定國家的方針國策。基督徒既是人民，也當使用神權治理國家。我們要問使用神賜的權力，是不是不屬靈呢？對於國家的興亡，這些具有神賜的政治權力的基督徒，是不是沒有責任呢？由此看來，基督徒與政治，在民主制度中，是有必然的關係的。

六、教會與基督徒

教會整個的團體，與基督徒個別的身份，有不同的地方，我們知道個別的基督徒，以個別公民的身份，參加政治，以聖經的原則，上帝的標準，基督的愛，聖靈的力量去推動制度的改變，反對道德的墮落提倡社會正義，謀求人類幸福，這是合乎聖經的原則的。

但教會整體，是不是該參預政治活動那呢？照本文作者看，教會的參預是有範圍的，而不是像個別基督徒那樣的廣泛。我們知道任何一件事，從基督徒看來，有其不同的兩面！一是對神的屬靈關係，及對人的道德關係。另一方面，是沒有屬靈及道德關係的技術問題。譬如醫生行醫，他應為上帝的榮耀而行醫，對病人有道德的責任，同時他怎樣治療，怎樣下藥，是技術一方面的。教會對於醫生的靈性及醫德方面，應有教導、勸勉、勉勵、責備的責任，但對於其技術方面，教會就管不到那麼多，醫生要從科學方面去學習醫學和技術的進步。同樣，國家與其政治，對於上帝的關係如何，對人民的道德如何，教會

及其發言人，有置喙的必要，以盡其鹽光的責任，那些先知在那君王制度下，尚被上帝感動，發出責備的聲音，何況今日民主制度中，教會不是有同樣的責任嗎？但是那許多技術問題與屬靈道德無關，基督徒可以個別公民地位參加其活動，教會無法過問的。

從正面講，教會對國家社會應貢獻上帝的旨意，道德的標準。基督徒在上帝的旨意中，在道德的標準下，以個別公民的資格參與政治活動，這是在現代的環境中，能做應做的事。

七、政治理想國

絕對大多數的人，不滿意當時的政治的現狀，許多人就夢想那些理想的境界，思想家把這些理想系統具體寫出來，變成後代政治目的，稱之為理想國。

柏拉圖的共和國是西方理想國理想的鼻祖，除本文已介紹的幾點外，他認為公正合一為理想國的基礎，在他的「共和國」一書論到合一之時，曾有共育子女及共妻主張，認為人要合一必須有福共享，妻子兒女是共享的對象。共產黨宣言，也是主張共妻的，可是這種主張尚未正式施行。這是題外的話，現在回到原題上來，柏拉圖怎樣來實現他的理想呢？就是靠他的「哲人君王」。哲人具有智慧，具有道德，智慧道德拼合起來，就能實行「理想國」，問題是到那裡去，找到這樣「哲人君王」？

在中國儒家有大同理想：「大道之行也、天下為公、選賢

與能、講信修睦」這是講政治組織的。「天下為公」是超出國家界限，以達到合世界為一個政體。「選賢與能」好像伯拉圖的哲人君王。「講信修睦」是世界和平的前提。怎樣來實現大同世界呢？若是以大學的政治哲學為根據，是從格物、致知、誠意、正心、修身、齊家、治國、以達天下的理想。其中以修身為本，修身是人以自己的力量，和紀律，訓練其品格。但無基督教超自然的能力，作為推動力是難以發生效果的。

馬克思主義以無產階級社會為理想，各盡所能，各取所需，實現經濟平等。其方法是根據辯證唯物論的原則，以革命的方式達到目的。「各盡所能」「各取所需」原是基督的教訓（見太 25：15 使 2：44）以無產階級社會做人類歷史的最高峯，是馬克思由其猶太背景中取用彌賽亞國的理想而來的。辯證唯物論是從黑格爾辯證唯心論脫胎而來。至其以革命鬥爭為手段，在其革命過程中，會種下失敗的種子，包括其獨裁、暴政、仇恨、權力爭奪、人民喪失主動的自由，以物質的安全感代替了思想開放，打倒某些階級，卻建立一個新的統治階級，這些都是他們理想國的致命傷。

基督教的理想國是「天國」，是「千禧年國」，是基督再來，在地上建立的國家。這個理想國是上帝當初創造天地人類時的目的，因人類犯罪而受阻礙，基督釘死十架，不但是拯救個人，也是要拯救人類社會，以達創造的原有目的，所以基督徒的希望，不僅是死後上天堂而己，更有實現天國在地上的希

望。所以主訓禱文說：「願神的國降臨，願神的旨意行在地上，如同行在天上」，而將「國度權柄榮耀」一齊歸給上帝。

天國是自天上降下的，而非人類自己努力達到的。基督教相信人性墮落論，不管人怎樣改變政治體制和經濟制度，人的惡性會限制人不能達到理想的地步。譬如說：天國是和平的。「人要將刀打成犁頭，把槍打成鐮刀，這國不舉刀攻擊那國，他們也不再學習戰爭，但人性一天是惡的，一天就有戰爭，是不會有和平的。天國是公義的，「公平如大水滾滾，公義如江河滔滔」，那擔任政權的名叫「奇妙策士，全能的上帝，永在的父，和平的君」。天國的人民是重生的，是有新生命的，是復活而無罪根的，神的律法寫在他們的心裡，從小到大都認識上帝，這樣在天國裡和他的人民具有生命的關係，人與人間彼此相愛，這不是人力所能造成的，乃是從天降臨的。

所以我們得清楚知道，基督徒參加政治活動，不是以人力實現天國在地上，如社會福音派所講的，同時也不是逃避現實，「看破紅塵」與世無關。我們的立場是不脫離這個世界，但也不屬於世界。乃是在世界裡盡鹽光的責任，是有限度的積極主義。

八、靈性與政治活動

教會有些人，認為信徒一參加政治活動，就是不着重靈命，變成不屬靈了，其實靈性是政治活動的靈魂，是不可分開的。

參加政治活動的基督徒，必先是重生的人，不但如此，在

政治活動中，需要聖靈的能力，比在修道院裡終日靈修的人，更加迫切。他在政治中，所遭受的試探比做牧師的更嚴重。他若是要在神的話中尋求問題的答案，他必需深刻研究聖經。他若是毫不自私，為國為民盡忠，他必須得到愛的完全。摩西屬靈呢？還是亞倫屬靈呢？摩西是政治經濟軍事的領袖，他卻是與神面對面談話的屬靈人。大衛不屬靈嗎？他是合神心意，遵行神旨的人。但以理身為宰相，統治一切，確是個禱告的人，只有一個屬靈的基督徒才能做個基督徒的政治家。

教會對國家的貢獻，是引領人歸主，培養愛主愛人愛國愛社會的屬靈人。再將上帝的永遠的旨意，道德的原則，藉著基督徒運用在社會裡，教會的責任是傳揚福音，並且以先知的地位向社會國家宣揚神的旨意。

九、結 語

作者深信在本文內一定有許多遺漏及待修的地方。但寫作本文的目的，僅在「拋磚引玉」引起中國教會對此問題的重視。所以作者的禱告，是求上帝啟示教會，更深刻的認識聖經真理，更與實際生活發生關聯，配合上帝的永遠計劃。阿們　一九七二年五月九日於洛杉磯

A Socialist View of Christianity
一個社會主義者看基督教
Circa 1972

一九七二年七月六日，我乘搭飛機，由東京返歸洛杉磯。在飛行的十幾小時內，為了消磨時間，就閱讀 H.C. 威爾士的「簡明世界通史」一口氣讀完，發現威爾士對基督教的看法，值得介紹給大家，不管是基督徒或非基督徒，都該當作參考的資料。

威爾士的世界史大綱，我年青的時候，就仔細讀過，那時還不是重生的基督徒，沒有重視，他對基督教的見解，現在這一本「簡明世界通史」，照他自己的序言說並不是世界的大綱的節本，乃是他為一些事務繁忙而無法細讀他的大綱的人，重新整新而寫的，在本書第七十章，他指明這一本書的目的，是敘述人類社會不斷生長的過程。

威爾士生於一八六六年，死於一九四六年，未死之前，曾親自修改本書，可以說這本書代表他最後的思想，他是個歷史家，他是個社會主義者，所以他寫的歷史，多少是站在社會主義的立場寫的。因此他對基督教的看法，也是也社會主義出發點的，對我們信聖經的基督徒來說，他的看法是人本主義的，沒有將上帝的啟示和基督教的救贖包括在內。所以不是基督教歷史觀，但是他並沒有像馬克思主義者以「宗救為人民鴉片」的口號，一筆抹殺基督教的地位，他是比較客觀的多了。

我們基督教認為他對基督教的看法不夠完全，不能做基督教的發言人，對這一點他在他本書第三十七章是這樣說，就整個歷史講，最好將歷史與神學分開，大部份的基督徒，相信耶穌是全地球的上帝。道成肉身的，一個歷史家為要保存歷史家的身份，既不該贊成，也不該反對這種信仰，就物質世界說，耶穌確曾以人的樣式而出現，所以歷史家注意的是他這種人。威爾士是以歷史家的身份，論到耶穌為「人」的地位。他是個社會主義者，所以他注意到基督教對社會貢獻。他對基督教的看法，就只在這範圍內，讀者對於他，可以仁者見仁，智者見智，憑其信仰加以批評我認為威爾士的見解，今日教會具有挑戰性的作用的。所以特別加以介紹：

一、聖經

威爾士在本書第二十二章內說：「不是猶太民族造成這部聖經，乃是聖經造成了猶太民族，聖經裡，有些思想觀念，與其他民族思想觀念有大的分別，聖經的觀念是副富有刺激性的，是有持久鼓勵的能力的，猶太人持守這些聖經的思想，使他們能以忍受二千五百年的艱難冒險與壓迫。」他又說：「推羅、西頓卡塞基與腓尼基人，忽然的從歷史上失蹤了，我們又忽然發現在西班牙、非洲、埃及、阿拉伯和東方，到處都有猶太社會，他們雖然分散各處，卻是聯合一致的，原因就在他們的聖經，就在讀他們的聖經，耶路撒冷不過是名義的國都，其實他們的國都就是這本書中之書。這在歷史上是個新奇的事件，猶

太人是個簇新的奇特民族，他們沒有君王，沒有聖殿，但仍是團結一致，這沒有別原因，原因就是寫成文字的聖所發出的力量。」

威爾士在此沒有看到猶太人是上帝揀選的民族，他們存在的根基是在上帝與亞伯拉罕和大衛所立訂約，是上帝在護佑他們並且大衛的王位，重新在錫安山建立。威爾士明說，他不要涉到神學，所以不提聖經上的這些原素，但他說的聖經是猶太族團結一致原因，也是有相準確性的。

二、一神信仰

威爾士在本書第二十二章對於猶太的一神信仰有這樣的話說：「猶太人思想中，最特出的一點，是他們的上帝是眼不能見，是距離很遠的上帝，不住在人手所造的殿內，上帝是全世界的主宰。」「其他的民族所信的是部落的神，以偶像的形狀，住在廟宇中，當神像被粉碎，廟宇被焚毀時，這個神就死亡了。但猶太人的上帝，是個新的思想，他住在天上，遠高過祭司與祭物，猶太人相信這位亞伯拉罕的上帝，揀選他們為選民，要恢復耶路撒冷，做為全世界公義的京都，猶太人都被這一種信仰所浸透之後，歸回耶路撒冷。」威爾士在他的簡明通史第三十六章裡，敘述部落上帝觀念的衰退，猶太人的一神信仰，代之而興，為當時的一般民族所接受，他解釋說，部落的上帝觀，是每個部落每個國家有他們的神。這個神是保護該部落國家免被別族征服壓迫，但經過亞述、巴比倫，瑪代、波斯、敘利亞，

埃及等強國輪流征服一切弱民族，而強大的民族又被後期之秀
所征服，也是征服了一個部落的神，因此在歷史的過程，人類
漸漸對部落神的信仰搖動了。同時，猶太人的一神信仰，是超
部路的，超國家的，超廟宇的，是超祭司的，就漸漸為地中海
一帶小部落而形成大帝國的那個世界所採納所接受，而這個獨
一無二的上帝，對後世「世界合一」「天下一家」的理想也打
下基礎。

威爾士對於一神信仰，只認為是猶太人的思想，我們基督
徒認為這是上帝的啟示，交托猶太人保守發展，以待基督耶穌
的降生釘死，為世人贖罪，做人類的救主的。但威爾士是個人
本主義歷史家，我們了解他為什麼不深入聖經，不過他能認清
一神信仰在人類歷史中的地位，也就難能可貴了。

三、先知的地位

在簡史第二十二章，威爾士說「希伯來人分裂愈加嚴重的
時候，先知的地位就愈加重要。」「先知是怎樣的人呢？他們
的來源，大有不同，先知以西結是祭司出身，阿摩司是牧羊人，
但他們這些先知，都有一個共同點，他不向任何人物事物誓忠，
他們的忠誠歸於上帝，公義的上帝，他們都是向民眾直接講。
他們沒有被封立或是領了什麼執照，他們都是說，「耶和華的
話臨到我」他們都是富有政治性的，他們勸告猶太人抵抗埃及，
那被傷的蘆葦。他們叫人民反對亞述人和巴比倫人」，他們叱
責祭司階級的無能，和君王的罪惡，有些先知注意到一些問題，

就是今日人所講「社會改革」。他們說富人搾取貧窮人，奢侈人消耗兒童的食物，富有者效法外邦人奢華的罪惡。這些都是耶和華所恨惡的，耶和華要刑罰這個國家，這些先知所傳講的都記錄下來，猶太人所去的地方，都誦讀這些先知書。因此，新的宗教精神就興起了，一個普通人，可以不通過聖殿祭司，不藉著君王和朝庭，可直接與公義的上帝面對面的交往。這是歷史中最高超的最重要性的大書先知以賽亞書也說到世界要合一起來，在一位上帝之下，和平同居，這是猶太先預言的極鋒。「在猶太人被擄前後，世界上發生了一個新的能力，就是個人道德的能力，以個人的良心代取了，獻上牛羊，盲目忠誠的宗教信仰。」

讀了威爾士論先知一段，叫我發生一個感想，就是篤信聖經派的從先知書裡只看預言和上帝對列國的審判，而略了其中社會倫理與敬虔的關係，同時新神學派只看見了社會倫理，而故意捨棄其預言的部份，及社會倫理的屬靈基礎，我個人想，現在時候到了，我們應該兩者兼而有之，平均發展這樣才能滿足神的原意。

四、論耶穌

在「簡史」第三十七章威爾士特他對耶穌的觀念講出來的，他以歷史家的地位，不談神學，不談基督的神性，不涉及救贖，只談耶穌「人」的一方面他認為現代藝術家把耶穌曲解了，他說:「一般人以為耶穌是個不名一文的窮教師，在炎光普照，滿

佈灰塵的猶太地來往奔跑，他的生活是靠著不定期的捐獻，但他是長久的清潔整齊，穿的是無污點的衣服，身體是挺直的，他行動的時候是穩定不動的……這種形容好像叫我們失去了本真的耶穌。他是個人，是個富有人性的人，他誠懇，他熱烈，他是會發怒，他給人類兩個新而深的教訓，第一是 上帝是全世人的父親，第二，天國就是要降臨。他有具磁性的吸引人的人格，他吸引許多人跟隨他，叫他們充滿了愛和勇氣，軟弱的人，有病的人，一看見他就得了痊癒……他用三年的時間週遊各處宣講他的教訓，他回到耶路撒冷，他卻被控要建立一個奇特的國家，他被審問，然後被釘死在十字架……」

「天國的道理是耶穌主要的真理，是人類思想中最富革命性的，影響並改變了人類的思想，難怪在當時人類沒有能以了解其意義，在耶穌的道理，對於當時習慣制度，挑戰以後，人就反對他。實在說來，耶穌的道理是要將整個人類的生活，完全的改變，外面與裡面都要完全洗得乾淨，讀者要了解他的教訓，必須自己去談聖經的四福音書……」

威爾士在三十七章被指去猶太人自以為是特權民族，上帝是可以討價還價的上帝，耶穌則認為上帝是公義的日頭，對任何人都是一律看待，在好撒馬利亞人的故事裡；指出猶太人對待異族的成見，看不見別的民族的優點，威爾士又強調耶穌所說：凡遵行我旨意的人，都是我的母親兄弟姊妹的一段話。他認為這是耶穌以上帝為普世人父親的教訓。

威爾士又認為耶穌是不承認私產制度的他引耶穌對少年的財主所說，變賣一切財產來跟隨他的故事，及耶穌所說「財主進天國比駱駝穿過針的眼」還難的一段做根據。

威爾士認為耶穌是有政治性的，他在三十七章說：「耶穌所宣示的不只是道德及社會的革命而已，很清楚的他的教訓有政治含義在內。雖然耶穌曾說他的國不屬於這個世界，乃是在人的心裡，但事實很清楚，神的國在人的心裡建立到什麼程度，外面的世界也因此而發生同樣程度的革命而革新的」。

「人若認真相信耶穌的教訓，人就會放棄老習慣，要控制人的本能和衝動，才能得到真正的快樂」。

我們已經說過威爾士是個社會主義者，他認為耶穌是個社會主義的革命者，他認為耶穌的教義將舊有的人類帶進一個新的理想，新的標準，他與馬克斯顯然大不同，馬克斯認為「宗教是人民的鴉片」，威爾士認為耶穌是「社會主義的先驅」。

我們的問題，耶穌的教訓是不是反對私產？他為什麼要門徒撇下一切跟隨他？他當時在四福音所講的撇下一切，我們的信徒在今日還要履行嗎？我們現在這種注意物質享受是不是合乎耶穌的教訓呢？

進一步問，耶穌的教訓能用為今日社會主義的根據嗎？今日社會主義的制度，是合乎聖經嗎？若是不然，今日的基督徒應該贊成社會主義呢？還是資本主義呢？若是兩種都有其不合聖經處，我們基督徒應該如此生活嗎？

耶穌是社會主義者嗎? 若他不是, 他的教訓中有沒有社會的函義呢? 若是有, 是一些什麼呢?

威爾士只認識基督的社會倫理, 而把他的神性、救贖、君權, 都置之不問, 不是好像是今天的「社會福音派」嗎? 我們這些傳揚耶穌的釘死復活, 為人贖罪的人, 把基督社會的倫理完全置之不顧, 又有何原因呢?

五、 論保羅

威爾士在簡史第三十八章內論保羅說: 「保羅沒有將耶穌天國的教義, 加多或者減少, 但他強調耶穌不只是猶太人的領袖而已, 耶穌的死像祭壇上所獻的獻物, 是替全世界的人贖罪的」。

威爾士認為保羅學通「中外」, 他借了希臘文化裡名詞來解釋基督教但威氏認為耶穌的教訓經門徒而廣傳, 對人類的道德、靈性生活, 起了新的作用, 帶進了新的時代, 上帝是人類的父親, 人是上帝的聖殿, 引起人類對「人」的尊敬。威氏說, 有人批評保羅叫奴隸順服主人, 這是基督教不反對奴隸制的證據。但威氏強調說, 這樣批評的人, 不應忘耶穌所講人不應該轄制人的教訓。基督教反對一切破壞人類尊嚴的教訓, 成為後代解放奴隸的基礎。

威爾氏認為耶穌教訓父親是全人類的父親, 這點須要解明, 根據路加福音三章三十八節所說「亞當是上帝的兒子」而我們

又都是亞當的後裔我們可以說世人都是上帝的兒子，但約 1:12 所說信耶穌的才有權柄做上帝的兒女，一個人沒有信靠耶穌重生得救，他就不是上帝的兒女。我們可以說，人類都是上帝造的，肉身的生命都是從上帝而來(使 17:25~26)。從這方面說，認為人類都是上帝的兒女，是可以說的。

但新約所說的「上帝的兒子是有條件的，第一、信耶穌為救主 (約 1:12)。第二、重生而有新生命(約: 3:5)。第三、遵行上帝的旨意(可 3:33~35)。

威氏所論天國的問題，有其是處，即耶穌不肯在舊瓶裡裝新酒，不肯用腐爛的材料建造房屋。所以他說，他的國不屬這個世界。但他教訓我們禱告說:「願你的國降臨，願你的旨意行在地上如同行在天上」這表示他的國還是要建立在地上。不過不是建立在這敗壞的社會基礎上，現在千禧年還沒有到，上帝的國是在信徒心裡，就是說，上帝掌權做王在人心裡。威氏的話是對的: 「天國建立在人心裡的程度，也就是信徒在外面改變世界的程度」。換句話說，信徒被聖靈充滿有多少，他在世上做光做鹽的程度就有多少。這是誠於中，形於外，必有的過程。所以基督教傳悔改的道，要人先接受基督進入他的心為先決條件。

最後，我們根據聖經相信，我們必須傳揚福音，引人歸主，接受新的生命，在接受新生命後，必須具有能力，讓內在的基督透過我們活到外面。活出來的範圍，不但要在個人道德的圈

子內，更進到人與人的社會關係裡去。雖然在耶穌再來之前，不會有完全理想的社會出現，但基督徒在現狀中應當做光做鹽，在可能的範圍儘量影響這有罪的人類社會。

The Biblical Basis of Social Care
社會關懷的聖經根據
Circa 1975

馬太福音 5:13-14 節

你們是世上的鹽………你們是世上的光。

中國教會的轉機

一九七四年的七月底至八月初，美國佈道家葛培理，在瑞士的洛桑召開了第二屆的世界福音會議，赴會者有一百四十餘國的教會領袖，共二千五百餘人。會後發表《洛桑信約》。我曾將該信約摘要譯出，登載於一九七四年九月八日的福音報，再由美國的歸主觀察報印行單張，在美國分發。

這個信約是具有歷史性的，這是世界的福音派公開的正式的承認過去反對社會關懷的錯誤，強調："我們深信傳揚福音與參加社會政治都是基督徒的本份"（見該約的第五段）。

中國的教會領袖，前去參加的有不少，我到現在還沒有聽見這些參加的領袖，有不贊成該信約的聲明，我就假定他們都是贊成的了。所以，我預料中國教會的屬靈派會開始注意社會關懷了。我們為此讚美主！

一個左傾青年的挑戰

在中日戰爭時期，上帝使用我，在大陸上的大專學校裡，做傳福音的工作。我的注意點，完全在傳揚福音、培養靈性兩

項工作上，我也看見了聖靈的工作，成百成千的學生得救重生，流淚認罪悔改，也有許多學生蒙召傳道，專心服事主。我那時不關懷社會，也認為傳道人不應該關懷社會，我所領導的"中國各大學基督徒學生聯合會"，也因我的緣故拒絕參加任何社會政治的活動。

一九四六年冬，我在蘇州的東吳大學傳福音，讚美主每天都有成百的學生舉手決志。那是在冬天，在街上冰雪交加的天氣中，確有凍死餓死的死屍，有一位青年與我個別談話。

他說："趙牧師，你與我在這溫暖的火爐旁邊，不餓也不凍，你們基督徒對於這些餓飢線上的人有什麼辦法呢？"

我說："基督徒本著基督的愛心，自然是盡力之所能加以援手的，這是基督徒的本份啊！"

他說："你們基督徒以為貧窮的問題，是能以慈善賙濟解決的嗎？"

我說："我們基督徒以為社會問題 的解決，必須先有人心的改變，所以傳福音，引人歸主，得著新生命，這些有新生命的人自然會做解決社會問題的成員了"

這位左傾的青年，聽了以後就不再發問了！

但是，我自己卻是發生了一個問題，是這位左傾青年沒有問的，問題是："你們這些有生命的基督徒，真的關切了貧窮人嗎？關切了多少？你們做了多少？"他若是發了這個問題，

我只好道歉地說：“我們有生命的基督徒做了很少。”

我在那一天，一九四六年冬，所抱的遺憾在一九七五年八月由《洛桑信約》表達出來了。該信約第五段有話說：“在此，我們表示歉意，因為過去確實在此點上疏忽，並且還認及佈道工作與社會關懷二者是彼此不能相容的。”

從那天與那位左傾青年談話後，我開始轉變了，開始注意社會關懷了。

什麼是社會

我們先要了解“社會”這個名詞，才會知道社會關懷的意義。

從中文的文面講，“社”從“示”從“土”，在古時是為“土神”之稱號，是一個含有宗教意義的名詞，是原始祭神鬼的所在。我對訓詁之學沒有研究，不敢憑空亂說，但這個字源，很合我的思想，就是“社會”是敬拜上帝、榮耀上帝的所在。

從現在的社會學來說：社會是人與人關係的總和，這就是說：社會的形成是來自於人的關系，而人與人關係的總和，就謂之社會。

以我個人做比喻：我與我的妻子，有夫妻的關係，與兒女有父親子女的關係，與孫男孫女有祖父與孫兒的關係，我居住公寓，與屋主有住客的關係，對旁邊的住戶有鄰舍的關係。我買東西，與賣者有顧客的關係，開汽車的時候，與其他的汽車

司機及維持交通的警察，有互相安全的關係，有病時與醫生有關係，存款放款與銀行有關係，我若是做生意，就與顧客有關係，我若是有收入，與政府有納稅的關係，我是個美國公民，我對美國有納稅選舉的關係，我沒有時間再說其他的關係了。總之，我與別人的關係複雜重重，我們每個人都有這樣多面複雜的關係，我們把台灣的 1600 萬人，人與人所有一切錯綜復雜的關係總和起來，我們可以說這就是台灣的社會，所以社會關懷，就是關懷人與人的關係。基督徒能不關心人與人的關係嗎？

基督徒個人不可能成為一個孤立的小島。連魯濱遜漂流的時候，還得有條狗作伴，有個土人幫忙。並且基督徒關懷社會也好不關懷也好，他呱呱墮地的時候，就與他的父母發生了關係，與醫生護士發生了關係，與衣服商發生了關係，與製造及牛奶嬰兒罐頭的工廠發生了關係，他睡覺的小床是別人造的，他住的房子，也是別人蓋的，他從小到死，沒有一件事不與人發生關係，這樣每個人與別人發生關係，每個人都是生活在與別人的關懷中，基督徒不關切社會，不是說他已經離開與別人的關係，而單獨的存在了。

有一個修道士，在村外的大樹上支搭一個小帳篷，他大聲疾呼地警告村民離開村庄，因為村庄是罪惡的，聽者原先都受感動，忽然，他們看見村民做好了午飯給這位修士吃，當修道士吃的很有滋味的時候，村民中的好事者對修道士說："你說我們村是罪人，你為什麼還吃我們這些罪人的飯呢？"在此，

我們看出無論什麼人是屬血氣的也好，是屬肉體的也好，是屬靈的也好，都得生活在與別人的關係中，這種關係總和起來，就是我們討論的"社會關懷"的社會。

保羅說：我先前寫信給你們說，不可與淫亂的人相交，不是指這世上概行淫亂的、或貪婪的、勒索的、或拜偶像的，若是這樣，你們除非離開世界方可。這就是說基督徒未死之前，是必得與別人發生關係的，這種關係合起來既謂之社會。基督徒能不關懷自己與別人的關係嗎？能不關懷別人與別人的關係嗎？否則，就是不關懷自己了！我想，我們一旦了解什麼是社會之後，就自然不會採用不關懷的立場了吧！

社會關懷不是什麼

A、社會關懷不是社會福音。聖經的社會關懷決不是社會福音，社會福音是新神學派或稱新派或稱"不信派"的產物。他們拒絕接受聖經的權威，不相信超自然的事跡，不傳揚十字架的救恩，沒有重生的經驗，不追求聖靈充滿的能力，只是以耶穌為榜樣，耶穌的倫理教訓為標準，以"人文"的方法，努力去實現一個耶穌不再來的人間天國，他們用的方法，若是不是溫和的社會主義，就是激烈的共產主義，這是新派教會，親共分子較多的原故。所以聖經的社會關懷，與社會福音大有天壤的不同，絕不可以混在一起。

B、社會關懷不是靠行為得救。我們傳揚恩惠的福音，因信稱義，決不是靠行為，因此不是靠社會關懷而得救，乃是得了

救的基督徒對社會關懷，受割禮不受割禮都無關緊要的，要緊的事生發仁愛的信心。真的信心是活的，是有生命的，是會生發的，是會生發"仁愛"的。愛是關懷社會的動力。

C、社會關懷不是代替傳福音，也不是輕略傳福音的工作。《洛桑信約》有幾句話是對的。"雖然與人和好不一定是與上帝和好，社會行動不一定是傳揚福音，政治解放也不一定是得蒙救恩，但我們在要強調：傳揚福音與參與社會政治兩者都是基督徒的本份"。我個人認為聖經的社會關懷，會令人具有更迫切傳福音的動機。

D、關懷社會不是放棄靈性的追求。我可以說"人文"式的社會關懷，是不會追求靈性的，因為他們依靠的是人的作為，人的努力。聖經的社會關懷是從靈命裡，從裡到外，流出來的活水江河，只有每日追求靈性的長成上面的能力，才能有真正的聖經關懷。

社會性是上帝造的

上帝造人，將人的屬性，本能"動力（Instinctive Drives）"都一同造好了，放在人的裡面，社會性也是上帝造在人裡面的，亞里士多德認為：動物有兩種，第一種是獨居的，第二種是羣居的，羣居動物又分為兩種，第一種是無組織的，為烏合之眾，第二種是有組織的如螞蟻、蜜蜂之類。人類與蟻蜂有別，蟻蜂是本能性的羣居，人類在本能之外，又加上理性與與選擇，若是人類的羣居，是完全本能的，我們會自然而然的各盡所能，

各取所需，就不會有反社會的行為（ANTI-SOCIAL）了。我們在此地這樣研究社會關懷的是與否，決不是在蟻群、蜂群裡所能發生的。有一位神學家以“交通”（FELLOWSHIP）為經，依聖經的事實為緯，寫了一部《系統神學》，他說上帝是三位一體，在事實上有必然性。在永世裡聖父、聖子、聖靈之間有相互的交通，不是孤獨的。而是自足的，（SELF-SUFFICIENT）。祂創造萬有是祂揀選的行動，不是泛神論所說，上帝本身是本能的不斷發展，而人類是上帝的發展，不能不到達的高峰。

這位神學家說，上帝創造，是為了要人類與三位一體的上帝相交通的，也是要人類彼此交通，人的正常生活是與神相交，而同時又與人相交，形成了三角型的關係。照此看來社會關係是上帝造成的，人與人的關係，跟人與神的關係是不可分的，而聖經的人類社會關系是出自上帝的關係，所以不是人文主義的。

創世記第二章第廿六節說：“上帝說，我們要照我們的形像，按著我們的樣式造人上帝就照著自己的形像造人，乃是照著祂的形像造男造女”。請注意上帝說了兩次“我們”“我們”，這是指三位一體的上帝而講的，其次，上帝按照“我們”的什麼形像造了“人”“造男造女”“生養眾多”的呢？其中至少要包括三位一體上帝彼此之間的交通。此即所謂的社會性，這個社會不但指著人與人之間的交通，也包括人性中對上帝的

追求。上帝看亞當 "獨居" 不好，就為他造了配偶，制定了家庭單位，而家庭單位又是社會的基層建築。

在此我就了解為什麼罪叫我們與上帝隔絕，主耶穌的救恩為什麼要恢復人與神間的關係，連基督徒有罪都會影響他與神的交通，原因就是在此，這是聖經社會關懷的神學基礎。

我豈是看守我兄弟的嗎？

聖經所記載的第一個反社會的事件，是該隱殺了亞伯，該隱卻強辯說："我豈是看守我兄弟的嗎？"其實每一個人都有看守弟兄的責任，也就是社會的責任。反對社會關懷者，好像是拒絕接受看守弟兄的責任。或者他們辯答說："該隱的殺人是出於不信上帝預設的救恩，我們只要引他歸主，他就不殺人了！我們的社會關懷是屬靈的，而不是屬物質的。"我的回答是：好撒瑪利亞人憐憫那半死的路人，是屬靈的呢？是屬物質的呢？那些右邊的綿羊，供給小子中的一個有吃有喝，有招待，有探訪，是屬靈的呢？是屬物質的呢？主耶穌叫瞎子看見聾子聽見，死人復活，是屬靈的呢？是屬物質的呢？

由此可見，聖經的社會關懷以為人與人間不調和是出於與神有隔絕，我們除了傳福音引人歸主外，對於社會的物質需要，是不能置身事外不聞不問的。

亞倫屬靈呢？摩西屬靈呢？

亞倫是專任的大祭司，是代表百姓事奉上帝，獻祭祈禱的，

他沒有管理政治、經濟、軍事、民事的責任。摩西總攬一切，發號施令舉凡一切政治的、軍事的、經濟的、司法的、組織的，都由他負責。

亞倫不屬靈，雖然他負責祭祀上帝的事務，他造金牛犢，遺棄上帝，發怨言，反對摩西，而是他負了屬靈的責任，而沒有做屬靈的人。

摩西負了建國的責任，所做的工作不是在會幕裡，而是係是個世俗的政治家，但他面對面與上帝說話，忍勞耐怨，愛神愛人，在上帝的家裡做個好管家。

這樣看來，做屬靈的工作，可能是不屬靈，做社會工作也可能很屬靈，一切要看這個人與上帝的關係如何。基本上，新約裡沒有"祭司"與"凡人"之別，信徒都是祭司，工作上沒有"聖工"與"俗工"之別，只要是上帝的差派，都是聖工。

摩西所傳的十條誡命，是上帝對人類在律法下的大啟示。前四條是有關人與上帝的關係，後六條是關於人與人之間的生活，也可說成是社會性的，在此我又看見基督徒的生活是雙重的，對神而又對人的關系，兩者又互有相通。

我個人有這樣的想法，十條誡命是上帝律法的基本原則，就如美國的立國《憲法》一樣，一切的政治社會制度皆自憲法的精神和字句，演繹的應用和運用。有實際的問題的或是有新生的難題時，都要回到憲法找原則找根據，找適應。所以在摩西的律法時代，一切都是根據誡命！

　　由前四條誡命，演化成為宗教法規，這其中包括各種獻祭、會幕、典禮、節期、祭司，利未人當然都是預表，預表基督耶穌的救恩。

　　另一方面，從十條誡命的後六條，演化到具體的生活，人與人之間的關系，就是社會生活。僅從出埃及記中的主僕關係（出 21:1~11）、殺人刑事犯的處理（出 21:12~36）、偷竊犯的懲罰（出 22:1~15）、苟合罪的處置（出 22:19~31）、毀謗罪的律例（出 23:1~9）這都是屬於司法範圍的，和社會人與人之間關係的規範。

　　上帝對以色列整個民族社會的評價是看他們對上帝的關係如何，這是屬靈方面的，又看他們在人與人的關系中，有沒有遵行上帝的律法，這是社會道德層面的，這兩方面又是彼此影響的。一部以色列人的歷史，就基於這一點上。何西阿書責備以色列為淫婦，對上帝不忠貞，阿摩司書則著重對人與人關係中道德上的揭發，並且阿摩司的譴責牽涉其他國家，如非利士人、推羅、以東、亞捫等。何西阿及阿摩司是在摩西律法的標準下，從對神及對人的關係上評價、責備、警告，指出歸向上帝的道路。

　　到了新約時代，這些原則沒有改變，在人對神的關係上，由預表進到實體，就是主耶穌基督。人類只有藉著耶穌基督才能與上帝發生關係，我們評價一個社會的時候，看看他們藉著基督與上帝發生關係沒有？這是首要的標準，而不是以原子彈

的武力大小，或是經濟的建設如何來判斷，雖然這些都是有其地位，一個社會如果沒有上帝，不管它武力建設有多成功，都是上帝所審判的。

社會道德方面，在新約已由律法時代進入新約的恩典時代，我們的道德標準更嚴格更深入，自然其達到標準的能力是從聖靈來的。所以我們要對於社會我們要更深刻的揭露批判。在積極方面，我們一方面傳揚福音培養靈性，另一方面站在社會一份子的地位上，積極參與，以求改進，雖然明知不能達到完全的地步，還是要在行為上盡量發揮光鹽的作用。

耶穌與社會

耶穌的救恩有一部分是被人忽略了！

（一）祂不僅僅是救人的靈魂，祂也關心人的物資與身體的需要。祂憐憫死了兒子的寡婦，祂憐憫看不見的盲人，祂憐憫那些群眾，用五餅二魚餵飽了 5000 人，為了耶路撒冷，祂哀哭失聲，祂的新命令是彼此相愛。五旬節的教會，除了交接擘餅傳揚福音，也變賣財產賙濟窮人。祂傳福音給貧窮人，報告被擄的得釋放，瞎眼的得看見，受壓制的得自由，報告上帝悅納人的禧年。這些都是不可以以"靈性解"而解去其現實的意義的。

（二）耶穌不僅僅拯救個別人，也要得回因亞當夏娃犯罪而被撒旦搶去的世界，當然包括了人類有組織的社會，"願人都尊你的名為聖，願你的國降臨，願你的旨意行在地上如同行

在天上。"就是這個意思。保羅也說，在日期滿足的時候，天上地上一切所有的都要在基督裡同歸於一，叫基督在凡事上居首位。基督徒有一個具體的盼望就是千禧年國，也就是完全的社會，在我們現在所居住的地球上。在千禧年國未到之前，我們不是放棄"世界"（這不是說人要貪愛世界的意思），乃是在世界中作光作鹽。

（三）保羅的書信中，大都是前一卷闡明藉耶穌與上帝發生關係，後一卷是指明與上帝發生關係後，人與人之間如何生活的關係。成實歸老牧師常說：基督是道成肉身，基督徒是肉身成道，換句話說，我們不但要有基督的生命，更要有基督的生活。這種生活不僅僅是個人道德的，也是社會道德的。

（四）有人批評社會關懷為不屬靈，或者認為是靈性的阻礙。其實，明白聖經的社會關懷，就知道非靈性充沛的人，不會也不能真的關懷社會，因為關懷是來自內心的，是出於愛的，人非聖靈充滿，就不能關懷別人。更不能關懷以社會為範圍的大圈子，像上帝那樣愛全世界的人。順從情慾的人，是以自我為中心的，在物資上是自私的，靈性的追求也是限於自我的。只有在聖靈充滿的教會裡，像五旬節的教會才能將人與人之間的關懷從靈性推到物資的生活，反過來說，"屬靈"而不關懷社會，是沒有讓聖靈做徹底的工作。

有人要問，使徒不是專心以祈禱傳道為事嗎？我的回答是：關懷是心裡的關切，難道選出七個執事之後，使徒們對那些說

希利尼話的寡婦就不關心了嗎？執事所做的事，使徒就不負責指導了嗎？保羅也曾提倡外邦教會捐款賙濟耶路撒冷教會的窮困弟兄姊妹，所以我說，實際上個人能做多少，上帝就讓他做多少，這是另外一個問題，但是關懷社會是每個人都該有的，否則，屬靈的基督徒會像好撒瑪利亞人故事中的祭司和利未人，看見受傷的人，就從旁邊走了。

現在我要結束我的信息了，我最後的話是：有些人在理論上、言語上反對社會關係，其實他們實際上做了不大關懷社會的事。現在我舉出一些社會問題來：如婚姻、家庭、離婚、節育、職業、青年犯罪、老年、種族、貪污、失業、福利、教育、健康、娛樂、救災、兵役、戰爭、移民、商業、有限度的政治，如選舉、保証、陪審，有幾位聖工人員，有幾位平信徒，沒有參與一件兩件的呢？誰能與社會關係脫節呢？誰能在參與社會政治時能不與他的信仰、道德標準、聖靈的引導、連繫起來呢？分別只是在範圍得的大小，或是在教義上所佔的的地位是多是少吧了！

這是我在本次退休會第一次傳的信息，我現將聖經原則的社會關懷輪廓提出來了，因為時間的關係，簡陋之處在所難免，但我的禱告是我們教會應當擴大我們的遠景，以上帝的意念為意念，傳揚並實行全備的福音，時候到了，現在就是時候了。

註:作者在台灣聖工人員退修會，擔任主題的講員（一九七五年二月二十六至二十八日講於台北）的第一篇講稿。本屆退修會的主題

是「根據聖經的社會關懷」。

The Comprehension of Absolute Integrity
明明德
Circa 1976

中國孔孟之道與基督教有很多不同的地方，但也相同之處。人若真了解孔孟，就不會對基督教有不得其門而入的困難。大學開宗明義就是説「大學之道，在明明德，在親民，在止於至善」。這是孔子和從者把學術與道德，智識與生活，打成一片的證據。他們解決道德問題的方法，與基督教確有出入，但對人類需要道德修養這一點，卻又是相同的。

孔子認為學術最終的目的，不是要解決吃飯的問題，不是僅為了滿足人的求知慾，而是要建立人的德性品格，「大學之道，在明明德」就是這個意思。

所謂「明德」是什麼意思？有人認為是光明的德性，有人認為是貞潔的品格，若以孟子性善的學說來解釋，就可以明白清楚了。孟子說：「一個小孩子落在井裡，任何人有看見了，都會驚慌同情的，這叫惻隱之心」。這是人與生俱來的，是人之天性。人善惡之心，恭敬及是非之心，也是如此。這些是含蓄在人性裡的仁義禮智之根本。換句話說，人之天性含有仁義禮智之成份在，所謂「明德」就是指這些天生善良的成份說的。

孔孟認為道德的根基，既含蓄在人的天性裡，人的道德修養是要求諸己，不必向人求，求諸內心，不必向外面求。這種發揚光大天生的德性，就是「明」「明」「德」。也就是學術

最終的目的。

就這一點講，孔孟之道與基督教有相似及相異之處。相同點在兩方面都反對學術道德分家；基督教的聖經說，「敬畏耶和華是智識的開端」就是這個意思。今日世界提倡學術與道德分家結果如何呢？我們看科學將人類帶進了太空時代，我們可以誇耀物質享受的進步，但道德有什麼進步呢？

今天受教育愈深的人，是不是道德愈高呢？「我們雖不願意說些」「世風日下，人心不古的老調。」但現代的人比古時的人，道德上好了多少呢？就此而言，孔孟與基督教是相同的，都認為提倡道德是人類的急務。

不過基督教與孔孟也有兩點重要不同的地方。第一是對人性的認識。第二點是人類的出路。孔孟相信性善，基督教則相信上帝造人是依神的形像造的，有向善的傾向，但人類犯罪，敗壞人之天性，以致肉體的私慾控制了人心。有人說得好「人性好像一個帶著神像火印的動物。」換句話說，基督教的立場是個，「人性墮落論」。

我們現在再討論第二不同點：基督教認為天性是墮落敗壞的，無法可以解脫自己，無法可以修養得好。必須向人類以外的去處求解脫。為此耶穌基督降世為人，死在十架上，人若投靠祂，祂能拯救人脫離罪惡，賜人新生命新生活。

總之，基督教也是講「明明德」，不過不是讓人自己去掙扎，乃是要人信靠耶穌。凡曾經自我奮鬥以求道德修養的人，

都承認自己有心無力，做不到明明德的地步。

　　羅馬書七章十八節保羅說：「立志為善由得我，只是行出來由不得我。」這不僅是他個人的經驗。也是大家的經驗，所以要有道德修養的人，應當投靠耶穌，求耶穌將新生命的種子種在你心裏，求他的能力運行，使新生命的種子發芽生長，成為新的生活，路加福音四章十八節耶穌說：「主的靈在我身上，因為他用膏膏我，叫我傳福音給貧窮人，差遣我報告被擄的得釋放，受壓制的得自由」救恩是從上帝那裡來。

The Spirit of Hanyu
韓愈的精神
Circa 1977

唐代文學家韓愈是我讀書時代最崇拜的人物之一，我愛他的文筆豪爽，生氣流動，辯才無疑，見解深刻，尤其是他的「原道」，「原毀」是我背誦的爛熟的兩篇文章。少年時代的我愛讀他的文章，現在年長了，對於中國文化已稍有了解，對於世道人心也領略了不少，我現在開始欣賞他的精神了，認為在目前姑息風氣所糜爛的社會裡，有提倡韓愈精神的必要。

什麼是「韓愈精神」呢？他的精神有其堅定的信仰，不計較個人得失，為他所信仰的哲學據理力爭，形成佛儒兩家哲學的對壘陣線。

背景是這樣的：

漢武帝時董仲舒獻策，主張崇儒術而罷黜百家，儒家大勝一時，後來六朝隋唐的時代，佛教興盛，儒家衰弱不振，梁武帝在位四十八年，前後三度捨身施佛，後來餓死台城，這是許多人知道的史實。

韓愈時代，唐憲宗信佛也很誠篤，恰巧鳳翔的法門寺有護國真身塔，塔內有釋迦文佛指骨一節，其書本法三十年一開，開則歲豐人泰，元和十四年正月，唐憲宗令中使杜奇押宮人三十人，持香花奉臨皋驛迎佛骨，自光順門入大內，留禁中三日，乃送諸寺，王公士庶奔走捨施，唯恐在後，百姓有廢業破產燒

頂灼臂，而求供養者（見舊唐書一百六十卷）韓愈素來不喜歡佛教，他上疏諫迎佛骨，在當時的環境中，上有崇佛的皇帝，下有瘋狂信佛的群眾，他所信奉的儒家，已被遺棄，卻偏向憲宗進逆耳忠言，自討苦吃呢？什麼仁義道德，什麼孔孟道統，不都是一些空談嗎？還是現實一點好，昧著一下良心，少說兩句話，你做你的官，你發你的財，何必干預別人的信仰，提倡與現實無關的孔孟之道，弄到下貶潮州呢？

但韓愈沒有這樣的妥協思想，他所寫的諫迎佛骨文裡，反而有露骨的話：伏以佛者夷狄之一法耳，自後漢始時流入中國，上古未嘗有也」。

梁武帝竟為候景餓死台城，國亦尋滅事佛求福，乃更得禍，由此觀之，佛不足信，亦可知矣。

佛本夷狄之人，與中國言語不通，衣服殊制，口不道先王之法言，身不服先王之法行，不知君臣之義，父子之情……。

佛為有靈，能作禍祟，凡有殃咎，宜加臣身，上天鑒臨，臣不怨悔。

唐憲宗讀了韓愈的書疏奏，大為震怒，欲加以枉法，說：「愈言我奉佛太過，我猶為容之，至謂東漢奉佛之後，帝王咸致夭促，何言之乖刺也？愈為人臣致爾狂妄，固不可赦」但國戚諸貴代為求情，乃貶韓愈為潮州刺史。

韓愈到了潮陽，上表給唐憲宗，訴說他的苦情：「踰月過

海，口下惡水，濤龍壯猛，難計期程，颶風鱷魚，患禍不測，州南近界，漲海運天，毒霧瘴氣，日夕發作，臣少多病，年才五十，發白齒落……，憂惶漸悸，死亡無日，單立一身，朝無親黨，居蠻夷之地，與魑魅同群……」 韓愈將貶職於潮州的苦況，用很生動的文字，形容得很為動人，這是他崇奉道統，諫迎佛骨，所得的苦報。當日韓愈諫迎佛骨是對了呢？還是錯了呢？

從佛教的觀點看，韓愈對於佛學是只知其一，不知其二，他的批評不過是皮毛之談，而沒有入骨三分，用現代的眼光來看，他的批評未免也太主觀一點。他對於孔孟的道統，為什麼不能滿足當時的需要，人為什麼捨孔崇佛也沒有說出道理來，他主要的理論基礎只不過是民族主義而已。

這是本文作者對韓愈「責備賢者」，「吹毛求疵」的地方，不過韓愈的精神是可傾佩的，他不畏強權，不計利害，勇敢直言。他有立場有信仰，有富貴不能淫，貧賤不能移，威武不能屈的精神，明知有忤上之罪，卻亦然直言無諱，他企圖恢復道統，這就是韓愈精神之所在。

站在現代的客觀立場來看，各人可有其信仰，唐憲宗信佛，韓愈崇道統，說起來各有自由，但對於國家民族的前途，根據天下興亡匹夫有責的原則，每個國民皆有憑其良心的信仰，發表其主張的必要。若是為個人利害，不敢置喙，就是不忠於國家，不忠於信仰了。

他的信仰是什麼呢？博愛之謂仁，行而宜之之謂義，由是而之焉之謂道。斯道也，何道也？曰：斯吾所謂道也，非向所謂老與佛之道也。堯以是傳之舜，舜以是傳之禹，禹以是傳之湯，湯以是傳之文武周公，文武周公傳以孔子，孔子傳之孟軻，軻之處不得其傳焉。

韓愈在《原道》這篇文章裡將他的信仰，以天縱之筆，發揮詳盡，他信仰之誠篤，溢於言表。那時信仰的主流是老子，是佛家，這兩者與儒家的道統是站在相反的地位的，為什麼當時的儒家除韓愈外皆一言不發，是明哲保身嗎？是貪生怕死嗎？為什麼韓愈要諫迎佛骨，懦老闢佛呢？這就是我們說的韓愈精神。

韓愈在哲學史裡沒有在思想上有什麼大貢獻，但他登高一呼，為了新儒學在宋明勃興，開了一條路，大學，中庸兩本書與論語，孟子合而成為四書，也是自韓愈肇始，這是韓愈精神在歷史裡的表現。

我寫本文的目的，絕對無意攻擊佛教，我是宗教中的人，雖然尊重孔子，卻不是儒家，不過在懷念大陸的時候，看見批孔反教，逼害異己，不論你信仰什麼哲學，崇拜什麼宗教，都會發生傷感與悲憤。但曠觀自由世界，我們能以數算出來的，有多少研究哲學信仰宗教的人，是有韓愈精神的，為大陸同胞爭取自由呢？

註：此文寫於一九七七年，曾刊登於舊金山少年中國晨報

及台北福音報，當時大陸批孔反儒風潮，已經暫時轉了方向。但中國人的社會與教會，仍有宣揚韓愈的精神，警惕人心的必要，願基督徒會看見此種需要。馬太福音五章二十節耶穌說：「我告訴你們，你們的義若不勝於法利賽人的義，斷不能進天國。」我們若是將這句聖經用上幾個字，我們會感覺我們基督徒有時候應該看一看非基督徒在什麼地方有值得我們引來作為自己行為的參考。你們的義若不勝過非基督徒的義，斷不能進天國。

The Young & Old Prophet
年輕和年老的先知
Circa 1978

在大衛的時候，以色列國是一個大的國家，一共有十二個支派，所羅門承繼了父位而做了王，起初他遵行上帝的旨意，但年老的時候，卻沈迷於幾千的妃嬪當中，同時也開始拜偶像，故上帝派一個先知名叫亞希雅，去對耶羅波安說，我要你做王，把十個支派，從大衛手裡拿過來，成立另外一個國家，因為所羅門拜假神，等到耶羅波安，做了王之後，也拜假神，他們分為兩個國家，較小的國家就是猶大國是有耶路撒冷和聖殿，耶羅波安因不願以色列人到猶大國大去敬拜上帝，因此他造了兩個金牛犢，造了別的假神說，這些神就是你們出埃及的神，你們不要到耶路撒冷去，由此可見，他欲用政治的力量，來控制宗教，因為他怕他的人民，投到猶大國去，所自己製造出一個神來，叫別人來拜他。

耶羅波安是因著所羅門拜假神，才能得到一個國家，取得王位，但是他也拜假神，和所羅門沒有兩樣，都不信上帝的真理，不讓上帝管理政治，不同與摩西與大衛的時候，我們應該清楚的了解，政治也應讓上帝來管轄，不能讓政治來管上帝，比方說，基督教相信一夫一妻，回教則一夫四妻，如果有個人想娶四個太太，他一定不願信基督教，而去做回教，他信回教是有原因的，所以我們若要研究，每個人的宗教信仰，必須先研究他的動機是什麼。

上帝在猶大國，派了一個神人，到以色列國去警告耶羅波安，但是這位神人沒有名字記載，在聖經裏的先知，大部分都有名字。但這位先知沒有名字，上帝對這位神人說，你去告訴耶羅波安，因他現在拜假神，我要叫他的國分裂，他的子孫被人殺害，他的王位被人奪去，但是你不准在伯特利，那個偶像中心的地方吃喝，也不同他們來往，這位神人就到了伯特利，在那裡看見耶羅波安築了一座壇，正在獻祭假神，這位神人跑上去，咒詛他說，上帝講的，你拜假神，你的家人全被殺掉，你的王位被人奪去。王大怒，叫人來殺他，豈知王手一伸出去，手就枯乾了，拿不回來，他馬上見機轉舵說，你為我禱告，你的神是真神，可以醫治我的手，這就是典型的政治手段，神人為他禱告，他的手果真復原如初，這王就大大歡喜，請他到王宮去，欲想款待他，這位神人說，上帝對我講，我只能來警告你，而不能吃你的、喝你的，必須即刻離開此地，你覺得這位年輕的先知好不好呢，他稱為神人，換句話說，他和神非常親接近，因在以色列國無一人可揀選，故從遙遠的猶大國裏，派來這位上帝的僕人，他膽子是不小，因敢責備王，警告王，他也拒絕了王的招待和禮物，此可知這位青年的先知是如何的潔身自愛。

在偶像城中，有一個老先知，這位老先知是信上帝的，但從來沒有議論過拜偶像的不是，若他真的忠心於上帝，上帝一定叫他警告耶羅波安，而用不著一派個人從遠方而來，這位老先知是個妥協的人，也許同王已勾結起來，而且他是兩面人，

因耶羅波安造了一個大祭壇，一座大廟，請人去行開幕禮，老先知也被請去參加，他心想他是神的先知，不能去的，但是是王的邀請，不便回絕，故想出一個變通的辦法，就是派他兩個兒子去，則對上帝，他因未去，可表示他的忠心，對君王因派了兩個兒子代表，故並未得罪王，這不是很出色的外交手腕嗎？

他兩個兒子返回後，稟告老先知神人所言所語，老先知就立刻騎驢去追，終於趕上了這位神人，神人坐在橡樹底下，大概已疲乏了，也餓了渴了，老先知開口道，小弟兄啊，你既沒得吃，也沒得喝，到我家裏來，我給你吃些喝些，青年先知回答，上帝對我說不可在這裏吃喝，老先知就玩手腕，說謊騙他，上帝的天使向我顯現，令我請你到我家來，吃飯喝水，這年青的先知不疑有他，就跟他去了，我思索為什麼老先知一定要小先知他的家裏呢，也許他要看看到底這位年輕人是何模樣？他真是上帝所揀選的嗎?他真的不受世界的引誘嗎？他真的不要錢嗎？他真的不餓嗎，我去請他來，試探他的靈性好不好，也許我還能得到地位，因為王請他來，他都不肯去，等到我請他，他就願意來，也許也許他的話是假的，我也從他的口裏，到底是不是上帝真的向他說話，也許我能叫他替耶羅波安講幾句，耶羅波安豈不要來謝我嗎？

然而青年先知上當的錯誤因素在那裏呢?我們能不能說上帝所講的話是矛盾的呢?上帝說你可不可在那裡吃喝，上帝又叫人來說你可以在那裏吃喝，有可能嗎？當時有個矛盾存在的時候，

年青人應該自己再去問上帝，而不必輕信老先知話，即使他是上帝的僕人，也不能推翻上帝從前是錯的，故不要說是老先知騙了你，是你自己騙了自己。

從前我有一個好朋友在中學的時代，我們兩個人都要傳道，我就與一位傳道者的的女子結婚，故現在我還在傳道，那個人取了一位不信主的女子，故就沒有傳道過，後來他後悔了，我問他你當時為什麼不來問我商議商議呢？他說，我知道你會反對的，所以不找你談，我曉得誰會贊成，就找他建議。於是他找了那個人，因為那個人贊成他所要的，不是真的建議，而他所要的一個人是能夠照他所想的同情他讓他去做，他並不要上帝的旨意，因此年輕心先知跟老先知去吃喝，就好比以掃吃了雅各的紅豆湯一樣。

後來正吃飯時，上帝忽然感動老先知對小先知說上帝不准比你在這裏吃喝，你為什麼在我家吃喝呢，我騙了你，你為什麼要受我騙呢，你是上帝的人，就不應該受我的騙，上帝告訴我，你回去的時候要被獅子咬死，這位青年人聽後一句話不言，就騎驢走了，果真碰到獅子把他咬死了，有人見了他的屍首，來告訴老先知，老先知急忙趕去，哭著把屍首帶回去，且哭曰：哀哉我兄阿，於是他葬在老先知自己的墳墓裏，而且告知兒子等他死後，也葬在這墳墓裏，為什麼老先知要說謊騙他，而後又責備他，不該受騙，而違背上帝的旨意，然後再可憐他，為他哭泣，且安葬他，最奇怪的是，上帝並沒有處罰他，上帝豈

不是太不公平了嗎，因為青年先知無知上當，就被獅子咬死，而如此壞的老先知，上帝卻不叫他死。我個人的看法是，上帝留老先知在世，為了做見證，上帝不會說謊的，且是說什麼是什麼，永不改變，列王記上十三章三十二節因為他奉耶和華的命指著伯特利的壇和撒馬利亞各城有壇之殿所說的話，必應驗。上帝不要老先知死，叫他親身做見證，青年先知因不聽上帝的話，所以死了，如果耶羅波安再不聽上帝的話，也要遭死，所以老先知這餘下的一生就是做這個見證。

我們看見一個屬靈的人，甚至於能夠為上帝傳信呢，去責備別人，他本身也可能違背上帝的命令，而遭上帝的刑罰。但這只是身體的死，而不是靈性的死，上帝要他吃苦，給別人做一個見證，這位老先知，上帝不刑罰他，不是因為他做得好，他是貪求世界的人，他是沒有勇氣的人，他與拜偶像的人妥協，他騙了青年的先知，但他悔改了，因他認清了一件事實，違背上帝旨意的人，必遭上帝的刑罰。這個刑罰是不會轉移的，讓他活在世上，心裏是永遠不平安，只有永遠為做見證而活，這個例子使我們看見世上沒有完全人，神在某一方面用你，你也有另外方面的缺點，所以要知道神用你是用你，神刑罰你還是刑罰你，故在上帝面前種的是什麼，收的也是什麼，這就是神與人的關係。

I Am That I Am
自有永有
Circa 1979

出埃及記 3 章 14 節

上帝對摩西說：「我是自有永有的」。又說：「你要對以色列人這樣說：那自有的打發我到你們這裏來。」

此經文的背景，乃是敘述摩西是有本領和學問的人，欲靠己力拯救以色列人，脫離為奴之地，成為自由的民族，然未成功，年已四十，就逃往曠野去，隱居四十年，年至八十歲，上帝藉著燒不盡的荊棘向他顯現，他不明何以荊棘一直燒不枯著，欲向前一看究竟，上帝就對他說：「站住，脫下你的鞋來，你所站的是聖地，我就是上帝，我就是亞伯拉罕、以撒、雅各的上帝，我現在要派你去把以色列人拯救出來。」摩西說：「我是什麼人，我怎麼能夠去呢？」上帝說：「我派你去的，你去我與你同在。」摩西對上帝說：「我到以色列人那裏，對他們說，你們祖宗的上帝打發我到你們這裏來，他們若問我說，祂叫什麼名字，我要對他們說什麼呢？」上帝對摩西說：「我是自有永有的。」又說：你要對以色列人這樣說，那自有的打發我到你們這裏來。」

上帝說祂是「自有永有的。」這「自有永有」四個字好像很玄妙，又富哲理，一般人很難理解。聖經裏從創世記到啟示錄，都是提上帝起初創造天地和祂做了何事，而未提過上帝如

何稱呼祂自己，只有這一處上帝自稱是「自有永有」有極其重大的意義。乃是要做成一件歷史性的大舉，把以色列為奴之人拯救出來。

就以色列當時能當兵的人而論，就有六十多萬，若包括了老弱的、年幼的、過了年齡而不能當兵的，年齡未滿不能當兵的，和婦女在內，估計老少有二、三百萬人，這數目龐大的人數，上帝派摩西把他們領出埃及地，但有了困難，因摩西不肯去，現在上帝選中他去，他卻說：我是什麼人，竟能去見法老，將以色列人從埃及領出來呢？上帝差遣他時，是因他發現自己的渺小，而處於謙卑的態度時。當上帝介紹自己是「自有永有，我們應注意到，上帝可能從人的經驗裏來表現祂自己。我們都喜歡從自己的經歷去體驗上帝，且願意把自己體驗上帝的事講述出來，因此我們注重經驗的見證，但我們所經驗的上帝，僅僅是我們的經驗裏，而上帝不僅只限在我們的經驗中可以體會上帝，我們應知上帝是怎麼樣的上帝。

我們應知上帝是怎樣的上帝？但很多人承認除了經驗是無法對上帝知其一、二、如此一來，你經驗你的上帝，我經驗我的上帝，與每個人的經驗都不同，故頂多把我們所經驗的上帝綜合起來，得其輪廓的概要，這是一般人的看法，卻不是基督教的理論，因為聖經中已明言，上帝說祂自己是自有永有的上帝，故我想要真正的認識上帝，是從上帝的啟示來認識祂，我們的經驗固然很寶貴，但是不夠讓我們知道上帝，唯有上帝的

啟示才能給我們亮光，得知上帝的永恆性。

中文聖經寫上帝自稱自有永有，包括了兩個「有」字，而英文聖經是 I AM THAT I AM 怎麼譯呢？我是就是我是？我是我就是？我就是我？笛卡兒曾說：「我思故我在」，因為「我思想我能知道我存在，這就是「有」、「有」的反面意思是「無」是「沒有」、而宇宙的「有」有沒有一個起源呢？有沒有一個時期，世上沒有任何物質存在?，有人相信物質是永存的，所謂「因果」是永遠相繼的，沒有所謂第一個「因」，因為推論不出起源，就認為物質本身是永存的，這就是唯物論，因此唯物論是相信物質是自有永有的，我們基督徒是否認這種思想，因為物質不能夠自有永有，乃是上帝從「無」造「有」因此物質的世界是上帝所創造的，在物質世界以前，什麼也不存在，乃是「無」。有人會覺怪異，沒有物質世界以前、已有上帝存在，我們就不能視為「無」因此若把上帝也包括在內，當然是「有」。但上帝從那裏來的呢？上帝是自己本身就存在，沒有起頭，這豈不是太玄妙而不合理嗎？但如果你信上帝，你必得相信上帝是自有有的。如果你相信不是上帝創造萬物，是物質本身「無中生有」，你不是仍相信本身是「自有」的「有」。

這個與宇宙到何時才毀滅呢？我們相信上帝是「自有永有」的，沒有世界以前，就有了上帝，故世界都過去了，上帝依然存在，因為聖經上說：「天地萬物都要廢去了，上帝依然存在，因為聖經上說：「天地萬物都要廢去，唯有上帝永不改變。」

不是本身不能夠改變，而是上帝本身就是「有」，是不會改變。老子說：「天下萬物，是生於有，有生與無」。可見他也假設有「無」，他認為「無」是明日之始，「有」是萬物之因，中國古時也相信無極生太極，乃是說「有」之前是「無」，可知不是只有基督教相信「有」是從「無」來的，這只是指物質的世界而言，上帝卻是從亙古到未來都不會消失祂的存在性。

我們常會覺宇宙何其浩瀚偉大，中國人更有「天人合一」的念頭，想與宇宙合而為一，這和「自有永有」的上帝相較，就微不足道了，因為沒有宇宙以前，就有了祂，祂創造宇宙。尼希米書九章六節：「你，惟獨你，是耶和華，你造了天，和天上的天，並天上的萬象，地和地上的萬物，海和海中所有的，這一切都是你所保存的，天軍也都敬拜你。」可見宇宙，不算什麼，因宇宙也是我們的上帝所創造的，所以祂高過了萬有萬物，包括宇宙在內。詩篇第八章三、四節：「我觀看你指頭所造的天，並你所陳設的月亮星宿，便說人算什麼，你竟顧念他，世人算什麼你竟眷顧他。」所以天上的星星、月亮、太陽、都不配與上帝相提並論，何況我們渺小的人呢？可是祂竟然愛我們，眷顧我們。也唯有像摩西一樣，先看輕了自己，上帝才會看重我們，先承認自己的渺小，才彰顯出上帝的偉大。上帝是眷顧那些謙卑的人，給他大使命。

有人預測宇宙有十五億年的存在，畢竟也要完結，唯有上帝永遠存在下去，我們在短暫的人生中，不知已有過多少次的

蛻變，唯有上帝永遠不改變，所以祂是亞伯拉罕、以撒、雅各的上帝，也是今天我們的上帝，他不僅僅派任務給摩西，今天也派你我在世上，過我們的生活，做我們的工。故眼光應放大，責任應看重，任務應神聖化，因為我們這一生的做人做事，「自有永有」的上帝早已妥善的設計安排了。

許多人常說基督教看重個人的生命。是的！因為「自有永有」的上帝造了人，人的一生是要為祂而活，豈能不自重呢？豈只是想賺些錢享享福就算了，基督徒有一生為祂而活的呼召，就對自己的事業和使命的看法與世俗人不同。基督徒雖然有的不完全，但永遠是樂觀進取積極奮發的，為什麼呢？因為我們信一位自有永有，創造天地啟示自己，加添給我們力量的上帝。祂不是局部的猶太人上帝，或只顧念我不管別人的上帝，或只負責現在不顧將來的上帝。

我引證一位聲啞學生心目中的上帝，譯其英文如下：

上帝永不改變是什麼意思？

上帝是時間、在祂的時間裏，沒有開端、沒有盡頭。上帝是存在、在祂的存在中是沒有界限，沒有長、寬、高的體積。上帝是現在、不是將來、也不是過去，祂是永遠的，永遠是青春、沒有兒童時期，沒有老年時代。

祂是生命，這個生命沒有出生的日子，沒有死亡的期限。上帝是今天，在祂沒有昨日，也沒有明日，這就是上帝。

Double Moral Standards
雙重道德標準
Circa 1979

　　基督徒常被外邦人批評為言行不符，因為所講論的道德標準極高，而所行出的卻相去甚遠。我個人自卡特總統承認了中共，並背棄中華民國的協防條約，與中華民國斷交以來，心裡很不平安的是——卡特是一個基督徒，他在競選時，自稱是重生的人，故所從事的政治活動，都應榮耀上帝，我心平氣和就事論事，認為他並未把基督徒最高的道德標準表現出來，因為過去二年中，他標榜的是人權，人權是包括自由、自主等條件，但奇怪的是他對蘇聯、菲律賓、中華民國、南韓等均批評其無人權，可是他自始至終，卻未對中國共產黨的政治制度，下過一言半語的評論，可見他有雙重的道德標準。這雙重標準，不僅是基督徒容易犯的毛病，更是今天人類的通病。

　　主耶穌在馬太福音七章一節至五節說："你們不要論斷人，免得你們被論斷，因為你們怎樣論斷人，也必怎樣被論斷；你們用什麼量器量給人，也必用什麼量器量給你們。為什麼看見你弟兄眼中有刺，卻不想自己眼中有梁木呢？你自己眼中有梁木，怎能對你弟兄說，容我去掉你眼中的刺呢？你這假冒為善的人！先去掉自己眼中的梁木，然後才能看得清楚，去掉你弟兄眼中的刺。"

　　這裡說看見你弟兄眼中有刺，卻看不見自己眼中有梁木，

就是指一個人有雙重標準——衡量別人的標準極其嚴格，故常覺其罪大惡極，但測量自己的標準，尺寸放寬很多，常覺自己不過小有過失。故這雙重標準，乃是指我們對別人或某種場合用一種看法，反之則又是另一種觀點，完全憑一己的情感或利益來決定。換句話說，是站在權衡利害得失的立場，而不是真正客觀的以道德標準來看人情事物。

上帝的尺度永遠不變

從聖經裏得知，主耶穌衡量的尺度，永遠是不變的。他若用這標準來衡量這人，同樣也用這標準衡量那人。譬如說法利賽人把行淫的婦人抓來，置於群眾之中，欲以摩西的律法，用石頭打死她。主耶穌先不講話，在地上畫字，然後才抬起頭來說："誰沒有罪，誰就先用石頭打死她。"因為主耶穌視所有的罪，都是罪，並不認為某種罪是高過某種罪。故誰有資格打死這婦人呢？沒有一人，因此一個個都離去了。聖經上說，世人都犯了罪，虧欠了上帝的榮耀，故以上帝的標準來看，每個人都有罪。

聖經裡有一個人，是有原則的，且不論環境利害與否，不論至親好友或陌路人，他都以真理來評判。但聖經裡也有一個名叫彼得，與此人大不相同。因為彼得信耶穌後，是爭權奪利、嫉妒紛爭的。當他為了搶權柄，就對耶穌說："別人都離開你，唯有我絕不離開你"。但後來耶穌受了審判，被釘十字架時，彼得卻三次不認主。由此可知彼得有了雙重標準——當為己利，

欲作耶穌的左臣右相時，就聲明比別人更勇敢，更愛主，而耶穌失勢後，他怕受牽累一同受苦，立刻轉變態度，不承認與主相識。這完全是依他的利害為中心。

保羅在加拉太書中，談及當時的教會，分為兩派，一派認為只信耶穌是不夠的，必須外加割禮，另一派認為無此必要。保羅按聖經的啟示說，只要信即是基督徒，不必再有其他的儀式。雖然有人在其中挑撥離間，但最後還是選擇了真理——眾人一致決議不必受割禮。但磯法到了安提阿時，因猶太人反對派還沒人來，就與外邦人一起吃飯同樂，等待主張受割禮的人來到，他立即與外邦的信徒斷絕關係，當時也有很多的猶太人，也隨他一樣，裝假隨和。

故保羅在加拉太書二章十四節說：“但我一看見他們行的不正，與福音的真理不合，就在眾人面前對磯法說，你既是猶太人，若隨外邦人行事，不隨猶太人行事，怎麼還勉強外邦人隨猶太人呢？”可見磯法也是一個有雙重標準的人。

我們有時候下一個斷語，做一個結論，並不是按真理來衡量，而是視利害關係而定。像美國的政治家，大多數是無主見政策的，他們競選時的政見，是依選民的意見為意見。因為這些政客欲得勢，不得不隨勢而定，這種人談不上原則，更不配論真理。

真基督徒應當言行一致

今天教會裡的信徒，也有了雙重的標準，在教會裡就能誠

實、犧牲、彼此相愛，但做起生意，則認為應以做生意的辦法去行，視說謊、逃稅、走私，為理所當然。從事政治的基督徒也是如此，總認為教會是教會，政治是政治，根本不相干，故不以教會的標準適用於政治上。現在拿我們中國人來說，我們常批評美國人對黑人有成見，試問中國人又有多少人對黑人沒有成見呢？世界上，多數人都有雙重標準，我們基督徒若欲前後一致，沒有矛盾，就應自始至終言行相符，不論環境的順逆，不論錢財的得失，不論事情的好壞，均以聖經的標準為標準。

今天卡特承認中共，我認為不是一個基督徒站在原則與道義的立場來決議的，所以我們很遺憾地說：「這個人是做錯了」他之所以錯，是因為他有雙重標準：一個真正的基督徒豈能容有雙重標準？譬如美國承認中華民國時，我反對共產主義，現在美國承認中共，我還是反對共產主義。我反對他們，是我良心的主張，而不是建立在利害的關係上。而卡特總統承認中共，完全未站在基督徒堅固、勇敢的立場去行，我們為他痛心惋惜。

蘇聯文學家索忍尼辛曾說：蘇聯的教會，受到很多的迫害，在逼迫中，產生了道德感，以此道德觀感來批判蘇聯政府，只要不合道德標準，就全力反對，故他們敢冒生命的危險，誓死反對政府，乃道德的勇氣所使然。但美國人卻喪失了道德的勇氣，真理道義無關痛癢，唯金錢至上。

猶記二次大戰之前，日本攻打中國，中國曾呼籲美國不要把廢銅爛鐵賣給日本，否則將遭「以子之矛，攻子之盾」的命

運。但美國不予置信，後來珍珠港事件，證實了日本飛機丟的炮彈，其外殼所用的鋼鐵，即是當初美國人賣給他們的，悔之已晚，故不可見利忘義是也！

　　基督徒應只有一個標準，就是上帝的標準，因為上帝的標準永不更改。故要切記主耶穌登山寶訓的真理："你這假冒偽善的人，先去掉自己眼中的梁木，然後才能看得清楚，去掉你弟兄眼中的刺。"

The Basic Beliefs of Christians to Care for Society
基督徒關懷社會的基本態度
Circa 1979

基督教的社會關懷，顧名思義，這種社會關懷一定與其他社會關懷有不同之處，那不同之處是因基督教社會關懷是以基督教為出發點的。

什麼是基督教? 在現代神學思想混亂的情況中，大家對與基督教三個字的定義，各派有它的界說，他們的界說，也就影響了他們社會關懷的觀念，所以在所謂基督教的範圍內，必須先行分辨每個教派的教義思想，然後才能批評它的社會關懷的觀念。

我是個基要主義者，基要主義是堅守基督教的基本要道的，這些基本要道是從使徒時代以打下了根基，而為歷代的正統教會所接受，而傳遞給我們現代的教會。所謂基要信仰，就是新約的信仰、使徒的信仰。正統的信仰，我們所說的基督教的社會關懷，是以這樣的信仰為出發點:

人是以**榮耀上帝為目的**

(一)、基要主義者相信宇宙是上帝意義有目的的創造，神的兒子有份於創造，而且萬有也是因祂而被造，約翰福音一章三節，歌羅西一章十六節，希伯來書一章二節，都說明了人類是受造的，人類的最終目的是為榮耀上帝。所以人類不是為自己而生活，因我們關懷社會不僅以人類的幸福為目的，而且以神

的榮耀為目的。不是人本主義的,而是神本主義的。所以任何社會關懷的出發點與目的,若是掛了基督教的牌子,而實質是人本主義的,我們不能不說,那是冒民頂替的社會關懷。就以喀爾文為例,喀爾文在日內瓦試圖設立的共和國是「神治」的國家,雖然他後來失敗了,但他的目的是為著上帝的,而不是僅僅達到人為的目的。今天的社會關懷者引用喀爾文的理論作為他們的政治活動的憑藉,這其中有相當距離的。

(二)、基要主義者相信上帝對於人類有祂永恆的計劃,祂本身也是在歷史當中運行劃,最後他也要達到祂創造的目的,(以弗所書一章十節至十二節,歌羅西書一章十五至二十節)我們在關懷社會的時候,不能不在某種歷史哲學中看現代的社會,也在這種哲學思想決定了社會的前途。我們若接受了經濟史觀,對於社會的問題就會有某一種的看法,若我們受了聖經的歷史觀,就如奧古斯丁在上帝城所發揮的,我們就會有另一種不同的看法。這兩種不同的看法會引起社會關懷不同的性質,所以我們看見了某種社會關懷的態度,就須要分析這種態度的背面是怎樣的歷史觀。

(三)、基要主義者有聖經的人生觀,上帝造人為榮耀祂的名,耶穌救贖是要人遵行上帝的旨意,就如保羅在腓立比書一章二十至二十四節和其他許多的經文,都是告訴我們人生的目的,是要榮耀上帝,永遠以上帝為榮,基督徒既然認為人生為著神的榮耀,他的社會關懷當然也是為著上帝的榮耀,他關懷社會

的目的，也是要人類的社會尋求上帝，藉著耶穌而與上帝和好，他們絕不滿意於只提高社會物質生活為最高的目的。他們雖然也關切人類的物質生活，但更關切人在靈性上的幸福。他們願意社會安和樂利，人類生活繁榮享受，但他們更要將福音帶入社會，而使人成為上帝的兒女。若是一種社會關懷僅止於物質，不超越物質進入上帝的真理，雖掛了基督教的招牌，卻仍是人文主義的。

不可與聖經明訓脫節

(四)、基要主義者認為人是有罪性的，(羅馬書五章十二至二十一節)，人心比萬事都詭詐，壞到極處，誰能識透呢？(耶利米書十七章十九節)，不管我們是屬喀爾文派或是阿民念派，我們總是相信人性是傾向於罪惡的，所以人若不重生就不能進神的國，重生是因信耶穌而得著生命的改變。與這種信仰相反的，或者以人有善性為出發點，或是存在決定意識的，或藉教育與環境可以改變人性的，這都不是聖經的信仰，社會關懷必須對人性的問題有某一種的信念，這種人性的基本信念，基要主義者肯定聖經的明訓，所以基要派對於社會的認識必不肯與聖經的明訓脫節，所以在聖經裡凡是論到人類的與社會的，聖經都是以世人或世界為名，這個名詞在聖經裡大多數的地方都包含著罪惡和敗壞的意義。主耶穌所說的，你們是世上的鹽，就是以世界、以人類社會為腐敗的意義，祂又說你們是世界的光，是以世界為黑暗的。保羅也說，你們死在罪惡過犯中的時候，

行事為人順從今世的風俗…….放縱肉體的私慾，本是可怒之事
與別人一樣。基要主義的社會關懷，先本著聖經的教訓而對人
類社會加以認識的，凡不是本著聖經認識社會者，他們關懷社
會的精神是可欽佩的，但他們的關懷社會方法是錯誤的。就像
一位醫生，若診斷錯誤，他下的藥方也必是錯的。

(五)、從聖經人性罪惡的教義，就可把我們領到基督教的教
義，耶穌基督降世為要拯救罪人，這話是可信的，是十分佩服
的。基要主義者當中，有人虔信個人的救贖，而沒有社會關懷，
這是個缺點。但有關懷而沒有救贖，這是更大的錯誤，前者會
說救贖是社會關懷的根本，我們傳福音領人歸主，本身就是社
會關懷的一步，然而他們對社會的問題，沒有加以注意。後者
會引聖經的話說，人子來不是受人服侍，乃是服侍人，而忘了
這節聖經下一段，並且捨命作多人的贖價。一個基要的主義者
的社會關係是與救贖的福音相輔而行的，也可說是社會關懷是
救贖的果實。而救贖開花的果子之一就是社會關懷，今天關懷
社會的人，自己被救贖了沒有，有沒有把基督教的救贖與社會
的關懷連在一起？

社會關懷是救贖的果實

(六)、基要主義者認為耶穌再來是基要信仰要緊的一部份，
這是上帝永恆的計劃的結束，也是上帝創造宇宙的尖峰，也是
人類最高理想的成就。在以弗所書第一章與歌羅西書第一章都
有明顯的記載著耶穌再來與上帝預定的美旨有何等的關係，新

舊約聖經每一本書都像指路碑指向耶穌的再來,與人類命運的關係。所以關懷社會最終的目的,並不是實現人類幸福的理想,而這種理想是人本主義的,無神的。基要主義認為人類的本事,憑著自己的力量,絕不能達到這種境界。因此基督教的社會關懷,不是以基督教的某一種美德,如愛、公義、為目標,用人種種的方法,而稱之為天國。基要主義認為,天國是上帝實際掌權的地方,耶穌作千禧年國度的國王有其事,是將來必成的事,也認為人與上帝藉著耶穌和好之後,並且耶穌有親自作王才能有天國的降臨。因此基要主義者,有一個堅強的信仰,有一個活潑的盼望,也有 個工作的目標,就是耶穌再來。凡不是以耶穌再來為目標的,絕不應該稱為基督教的社會關懷。

(七)、基要主義認為聖經是上帝所啟示的,是毫無錯誤的,因此基督教的社會關懷所討論的,所信仰的,必須根據聖經。當然我們可以從一般的社會經濟學、心理學、歷史學、科學得到許多參考的資料,和學習的藍本。至於有些基要主義者,只讀一本聖經,而不讀其他學科書籍的人,他們在屬靈與道德範圍以外的社會問題發言時,往往是文不對題,觀察膚淺。而一般所謂自由主義者,他們不信聖經,或只信一部份聖經,他們在討論社會問題時,都是依據一般的知識而發表意見,這方面他們的發言可以相當受尊重的。但他們沒本著聖經的真理,來批判他們的知識,引導他們的思想,所以他們的見解,是世俗的見解,而不是基督教的教義。基要主義者認定社會關懷必須透過聖經的過濾,而後才能成為基督教的思想。

關懷社會是基督徒靈命的表現

（八）、基要主義者認為關懷社會，必得是基督徒內心的流露、聖靈的感動、生命的傾倒。我們認為，社會的關懷是聖靈的工作的果子，就是加拉太書五章二十二節至二十三節所說的，社會關懷是基督徒靈命的表現，我們必得內心有聖靈充滿後，才能流出生命的活水來。彼得後書一章也說，我們有了上帝的性情以後，要分外的殷勤要加上信心、德行、知識、節制、忍耐、敬虔、愛弟兄的心（教會）愛眾人的心（社會）彼得所說的社會關懷，是靈程的巔峰狀態，我們將在此也要對基要主義者說追求靈性必須達到愛眾人的地步，聖靈充滿必須結出果子來，我們的祈禱、讀經、奉獻的生活，都是與社會關懷息息相關，我對於一些自由主義者說，基督教的社會關懷不是任何人在任何光景中都可以擔負的，他必須是重生得救，奉獻生活，被聖靈充滿，讀經、祈禱，追求靈性長進的人，這樣的人才能自動自發的關懷社會，這才是基督教的社會關懷。因此我可以大膽說，一個自以為是基督徒的人關懷社會他的關懷不一定是基督教的，基督教的關懷是基督徒靈命的表現，是一種生命的流露。

結論

我自己提倡基督教的社會關懷，有三十年之久，對於不關社會的教會，我願用聖經勸勉他們，願向他們指明基督教的社會關懷是什麼。我希望這一篇短文，使能批評社會關懷是不屬靈的人，看出社會關懷的屬靈性；批評我的社會關懷是受人利

用的，一個某一種人說話的人，我希望他們看出來，是替基要主義者的社會關懷，完全是本乎聖經，經過教義的過濾，有高度的靈程，而從內心的情感流露出來的。當我們考慮基督教社會關懷的時候，切不要忘記，我們關懷社會必須與基督教達成一片，所以我們討論社會關懷時，必須先立好信仰的根基，坦白表示出來，才知道所談的是什麼。願主帶領各位弟兄姊妹，明白聖經的真理，更懂得上帝的心意。

What is a Happy Life?
什麼是幸福的人生
Circa 1981

幸福人生，是人人羨慕追求的，但幸福的人生是什麼？卻又模糊不清，這個問題，可以從三方面看：

一、什麼是幸福？辭海說：福喜之事皆謂之幸，但福喜又是什麼呢？

哲學辭典說：安樂而有希望之生活狀態謂之幸福，同樣什麼才是安樂而有希望呢？答案言人人殊，好像迷失在五里霧中，放縱情慾，是幸福嗎？塞翁失馬，又焉知非福，這樣看來，似乎沒有定義了，但基督教卻有一個終極的定義，上帝將天上所有的福，地裡所藏的福及生產乳養的福，都賜給你，(創 49:25）這就是說，屬靈的福氣，物質的福氣，凡是上帝所賜的，就是幸福，中文的「福」字，是從示字與神連接在一起的。

二、什麼是人生？

人生二字指整個人生而言，就時間說，是指一輩子，終生、壽命、生命、就空間說，是指生活的全部，物質和精神的生活，靈、魂、體的總合，包括對人對己對家庭社會，國家人類的生活，並且連生前死後都算在裡面，請看詩篇 23 篇 6 節 我一生一世必有恩惠慈愛隨著我，帖前 5：23 說靈魂與身子得蒙保守。

三、如何得著幸福？

照以上所下的定義，世人有多少人有幸福的人生呢？恐怕一個也沒有吧？要獲得幸福的人生的唯一途徑，詩篇 34 篇 8 節說：你們要嘗嘗主恩的滋味，便知道他是美善，投靠他的人有福了。

你如要獲得幸福的人生，必得要投靠主耶穌，投靠的意思就是接受主，將你的人生交託給祂，你的人生就是幸福了，這是基督徒可以用實際的經驗見證出來的，而且這種幸福，可以意會而不能言傳，但我們是的確真實知道的。

你不是追求幸福的人生嗎？不妨來嘗嘗滋味，做個試驗，誠心接受主，你一定會享受上帝給你的幸福的人生。

One is Never Too Old to Learn!
學到老，學不了！
Circa 1981

「學到老，學不了」是一個古老的俗語，但在我的人生中，愈來愈叫人體念我這次得到了一種名譽學位。這是神的恩典，榮耀歸於祂。

韋氏字典說，學位是學者在完全對某一種學術的統一課程而授予的位號，有種位號是榮譽性的，是對學術研究，事業成就達到某地步時的一種公認和鼓勵。學問的價值是相對的，有的名符其實，有的名實不符。因此為今論學術不僅看其學位，更要看其成就。而且學位不過是研究達到某一程度的里程碑。

治學不是拿到學位為止，而是繼續不斷，努力前進，死而後已的，所以說「學到老」，學不了。

神的僕人不應以其學位權衡其靈性道德、品格、能力、所以教會裡沒有設置靈性、品格、道德、能力的學士、碩士、博士，以學位去宣傳自己的傳道人，正表示其缺乏神的恩典。不過神的僕人不是不該有知識，而是以知識來陪襯，協助其靈命與工作，因此傳道人的評價，不是他的學位，而是他的恩典和知識的綜合。彼得後書3：18節說「你們卻要在我們主耶穌基督的恩典和知識上有長進」。在此看出恩典和知識並重的重要。主耶穌基督的恩典和知識，是不用學位來評斷的，也不是一勞永逸的，乃是繼續不斷，終其一生，竭力追求的。

　　我已經七十四歲了，我仍然感覺我自己的缺乏，我仍要竭力追求，向著標竿直跑，直到最後的一日，我祈求主保留我永遠認識自己的不足，叫我更加謙卑，真是「學到老，學不了」

求主叫我學習敬畏神（申命記 4：10）

學習行善（以賽亞書 1：17）

學習公義（以賽亞書 26：9）

學習頌讚（歷代志上 25：7）

學習順服（希伯來書 5：8）

學習基督（馬太福音 11：29）

對於這一切學習是終身的，是沒有止境的。

The Four Knots of Love
愛的四結
Circa 1982

馬可福音 12：28-31 節

有一個文士來，聽見他們辯論，曉得耶穌回答得好，就問他說，誡命中那是第一要緊的呢？耶穌回答說，第一要緊的就是，以色列啊，你要聽，主我們上帝是獨一的主。你要盡心、盡性、盡意、盡力愛主你的上帝，其次就是要愛人如己。再沒有比這兩條誡命更大的了。

我們常想最高的誡命是盡心、盡性、盡意、盡力愛上帝，而我們的靈性要達到最高境界也是盡心、盡性、盡意、盡力愛我們的上帝。愛不只是一種喜歡。愛是一個人和所愛的對象彼此發生關係，愛的和被愛的彼此深入。

一個哲學家叫謝林，講到他對自然的看法。他說我們同自然會打成一片，去欣賞自然美的時候，我們就同自然打成一片。花草、樹木、蟲鳥、山水，都有一種趨勢，就是表現它的美。而人，天生就有一種欣賞能力，嗜好，去欣賞它的美。

當我們看到花和自然美的時候，宇宙的美，就深入到我們裡面。我們欣賞美的時候，也就進到宇宙裡去。於是我們就同宇宙打成一片了。從人的方面來講，男女之真愛，不僅外表之美而已，而是情感彼此交通，連接在一起的。

我們看聖詩 408 首福哉繫連妙結的讚美詩詞，講到愛主

1、福哉繫連妙結，在主愛中同心，教會聖徒心靈團契，在
　　地如在天庭。

2、信中在父座前，同心虔誠祈禱，同一艱難安樂關心，
　　同一希望目標。

3、大家分當憂患，大家分肩重擔，大家共灑同情之淚，
　　大家憐惜悲傷。

4、信眾生離死別，不像世人哀痛，天上人間藉主同心，
　　離別終必重逢。

　　福哉繫連妙結這讚美詩詞，這是講到信徒和信徒間彼此有
一個結，把它用在對上帝的關係上，也是如此。我們愛上帝，
上帝愛我們。「愛」彼此有吸引力，「愛」，彼此有交流，
「愛」，彼此有深入。信、望是盼望獲得什麼的，只有愛，不
是愛上帝的什麼，乃是愛上帝本身。上帝也不是愛你有什麼，
乃是愛你本身，主要是上帝和我們的具體關係。

　　所以最大的誡命是，盡心、盡性、盡意、盡力愛主上帝，
其中「心」，「性」，「意」「力」，雖解經可把它分為四個
不同的意思，但深入研讀，這四個字意思都是彼此相通的。心
也包括性，性也包括意，所謂心是指情感。意是指思想。力是
指意志。性是指靈魂和生命之意，指著意識說的。上帝有情感，
因為上帝是愛。上帝有思想，因為上帝的意念高過我們的意念。
上帝有意志，因為祂有旨意。上帝也有意識，在聖經上講到上

帝是有意識的。我們人，也有情感，也有思想，也有意志，也有意識，我們愛上帝，要盡其心，盡其意，盡其力，盡其性。這四方面與上帝的這四方面，在愛當中結連起來打成四個結。

盡心：是指情感，一種感情的投入，以上帝的喜怒哀樂，就是我們的喜怒哀樂打成 一片。

盡意：指思想，腓立比書中「要以基督的心為心」，就是指思想，以基督的思想為我們的思想。現代的人，雖有獨立的思想，但我們的思想，就是願意想上帝的思想，遵行上帝的旨意。

盡力：是力量，精神的屬靈的能力，就是出於意志，我們的意志，與上帝的意志打成一片。遵守上帝的旨意，用我們的意志接受上帝的意志，自動揀選了上帝的道路。

盡性：意識方面，整個意識，整個人完全同上帝的意識打成一片。甚至下意識方面都有上帝的同在，都應與上帝打成一片。有時候，我們並沒有情感，並沒有思想，並沒有意志，有的時候就只有自己的意識，最後基本的意識同上帝的意識打成一片。在我們的意識裡面，知道上帝與我同在，知道與上帝合一。只知道走上帝的路，隨時隨地都覺得與上帝同在。

中世紀時有一個人想進修道院，那時修道院認為他學問不夠，不能入院，只好讓他在廚房裡工作，他在廚房無論洗碗，劈柴，燒火，煮飯，大小事情都禱告，後來他寫了一本書「神的同在」就是他在意識上時常同上帝打成一片，如此在愛裡面，

把情緒的，思想的，意志的，意識的就與上帝打了四個結。這是基督徒想要達到的境界。

大家要追求靈性的時候，就要進到愛的深處，在那裡同上帝打了四個結。這四個結聯合起來，那就是天上的生活。我們基督徒都要進到那個境界去，那是另外一個境界，是三層天的境界，是只可意會不可言傳的境界。在那裏面，是一個享受的境界，成聖的境界，火熱的境界，那是同上帝合一的地方。

Finding the Absolute
我找到了絕對
Circa 1982

馬太福音太 7 章 7-8 節

你們祈求，就給你們，尋找，就尋見，叩門，就給你們開門。因為凡祈求的就得著，尋找的就尋見，叩門的，就給他們開門。

一、口頭禪

當我唸小學時，正值新文化運動萌芽的，心中非常好奇，也想趕上時代。會有意無意間脫口而出。最早學到兩個名詞，是「當然」和「絕對」。雖然當時並不知道它在哲學上的意義和內涵，只不過人云亦云的口頭禪而已。到了中學大學。「當然」「絕對」還是口頭禪，但在思想上卻漸漸地相對主義化了，而不是「當然」和「絕對」的。

這時滿清專制被推翻，民國成立，政治上的「絕對」被淘汰了，民國卻被內戰得一團糟。新文化運動的「打倒孔家店」「燒盡線裝書」「喫人的禮教」「全盤西化」種種口號，又將孔子的絕對權威打倒了。「戀愛自由」「婚姻自由」「小家庭制度」等思想，將「父母之命」「天下無不是父母」的倫理觀念摧毀了。「言論自由」「思想自由」將數千年的古聖先賢的

傳統架構拆毀了。東蠻西夷的蠶食併吞，使國家淪為次殖民地，唯我獨尊的老大帝國，洩了黃帝子孫的毫氣，但何以救國呢？國內學說紛紜，各執一是，五花八門，使人眼花撩亂，不知何去何從。

我個人呢，不過是孤苦零丁無靠的半孤兒，命途多舛前途茫茫，生死禍福飄搖無主，宇宙間有上帝嗎？上帝為什麼不管我的事？同時愛因斯坦的相對論，推倒了牛頓的絕對時空。（註：其實科學的相對論與哲學的相對主義是兩件事）「相對主義」逐漸掌握了中國思想界，我「當然」接受了「相對」而擯棄了「絕對」。這不是說我理解相對主義和絕對主義，仍舊是人云亦云，跟著時代趕上潮流而已。這時讀到了笛卡兒的思想「我思我在」何等一新耳目，奈何他仍然歸宗於上帝。德寫了那本純理性批判，後來寫實踐理性批評，是前後矛盾呢？是自圓其說呢？

羅素是個不可知論者，牛頓和愛因斯坦又相信上帝！丁文江以科學為法寶，要打倒「玄學鬼」張君邁偏偏拿出柏格森直覺主義與他對陣。反宗教運動如火如荼，遍滿全國，梁啟超偏寫了一篇評非宗教同盟，這篇編入商務高中課本，翌年又被取銷。我先看見國民革命，聯俄容共，不數年間，是清黨剿匪。

我在教會學校讀書，發現基督教有個正宗派，還有一個自由派，一個老派，一個新派，互相排斥。我不再舉例了，像我這樣一個青年人，稍一點思想，生在那個時代，除了接受相對

主義外，又有何路可走呢？

二、相對主義的洗禮

簡單地說，我在中學大學時代，什麼都在變動，人生也好，社會國家也好，似乎沒有絕對的真理，沒有絕對的出路。我對哲學還是門外漢，但已接受了相對主義的洗禮。

這時我熱烈的擁護相對主義。尤其是在同學辯論的時候，很喜歡用一句話封住他們的口「那不過是你的意見，我的看法與你不同」，一方面用相對論主義對付對方，一方面又可以表現一下自己為絕對準確的氣概，那麼我並不是一個真正的相對主義者了。

有一天大學課堂裡爭辯起來，那位教授很幽默的對我說：「你是不是以相對主義是絕對的真理呢？」我說：「當然的啦」，他說「照你意見，世界上至少還有個相對主義是絕對的真理了！」他說完後，同學們滿堂大笑，而我卻無辭以對。

從此我對相對主義就起了懷疑。善惡真的沒有標準嗎？你所謂的善，我可以認為惡，我的惡你可以認為善嗎？善惡既都是主觀的，世上就無從決定善惡了，我雖不肖，心中一向要做好人，既無絕對的善惡，我又何必癡人說夢話，談道德，說仁義，去建立任何道德的理想呢？古聖先賢不是傻瓜，就是騙子，我又何必去上當呢？

真理是沒有絕對的嗎？相對的真理，公說公有理，婆說婆

有理，做小媳婦何所適從呢？只好「看人說人話，看鬼說鬼話」，不是都變成了政客市儈了嗎？政治不是也有絕對的真理，在他們強權就是公理，市儈也有真理，「有錢買得鬼推磨」！

宇宙間沒有「絕對」嗎？中國歷代哲學家所講的「一」「太一」「道」「理」「無極」「太極」「氣」「易」「氣數」等不都是在尋求宇宙的「絕對」嗎？

西洋哲學史的「水」「空氣」「火」「永恆」還有什麼唯心論、唯物論、唯實論、一元論、二元論、多元論、凡是「唯」字的哲學，不都是以為宇宙有個「絕對」的嗎？

中國古人也好，西洋哲學家也罷，各有其說，但他們都認為宇宙間一定有一個「絕對」不然他們的研究，都是多餘的，毫無價值了！所以我大學的那一陣，口頭上，標榜相對主義，而實際上對於絕對主義尚未一刀兩斷。

三、對絕對的探索

一九二八年，我正是二十二歲，忽然發現痰中有血，醫生檢查之後，證實我我患了肺結核，我去杭州松木場的肺病療養院，又去了淮陰的仁慈醫院，後來又住在一位傳教士的家裏，到一九三一年才病癒，開始過正常的生活。

在養病第一年間，我的病狀，一日嚴重一日，手頭拮据窘迫，自以為遲早總是一死，我怕死，我不要死，原因是我當時認為死是虛無，是寂滅。佛教的涅槃，基督教的天堂地獄，我

都難以盡信。從自然主義的立場看死，就是「人死如燈滅」死了就完了，但是從相對主義的觀點去看，誰都有些道理，誰也不會準確，因此我自以為必死的那段時間，並沒有找到對的答案。

這時期我偶然讀了托爾斯泰的文集和宗教論文，我發現我和他的共同點，就是兩個人都怕死，我由「怕死」出發，而研究他的思想，就我所知，他對「死」沒有許多理論，只是說人死了，就返歸宇宙的意識，但他由怕「死」而探究「生」，他先要了解「生」的意義，然後去了解「死」的究竟。我的思路就跟著他走了。

他在五十二歲以後，追求人意義，這不是學術性的研究，收集各種宗教和哲學問題，作客觀的分析，這時，他要生存得有意義，這是存在主義的需求，他為生活而求意義，而不是經由理性主義以自己為超然，作旁觀者的觀察，他所需要的不是比較人生哲學，不是一些相對主義的答案，而是他的人生為了什麼，他人生的目的是什麼？他所探索的是個絕對性的回答，經過長時間的探索，他找到了人生的目的，他說：「人生以遵行神的旨意」為目的。他以絕對性加在他人生的意義上，也身體力行，直到凍死在火車站裡，沒有改變。

我在病中受了他的影響，也在各方研究，最後接受了「人生以遵行神的旨意」為目的。我在一九三一年正月，皈依了基督，在人生的意義上我找到了「絕對」，逐漸的，我的整個人

生，和人生的各方面，都以這個「絕對」為立場，重行整理，得到貫通和諧。

四、上帝就是絕對

我既以遵行神的旨意為人生目的，我就先行信仰上帝的存在。信仰祂就是「絕對」。祂創造了宇宙和我個人，我人生的目的，當然是遵行祂的旨意。

善惡是以上帝的旨意為標準，所以我信仰道德的絕對論。道德在實行上，自有是因時間的空間不同，而有相對的現象。但原則上是不變動的，因為那是上帝的旨意。邏輯是上帝思想的法則，真理則出於上帝，因此人對真理的認識可能僅是局部的進步的，但上帝的真理是永恆的。上帝是自有永有，在創造以前就永恆存在。祂是超越事物的關系的，祂創造了萬有，而其存在不依靠萬有。祂是無條件的，無限制的，祂就是形上學所探索的「絕對」。

上帝不是萬有的總和，祂的存在，不附屬任何萬有的關係，而萬有的總和是由祂而有。物質是祂所創造的，祂不是唯物論的物質，而是超越物質的。祂不是柏拉圖的「理念」，理念是上帝的理則，祂不是黑格爾泛神論的「絕對精神」，祂是超越而又內在的。祂不是世界靈魂，以世界為其身體，祂不是田立克的「深淵」，因為祂是有意識思想感情和意志的。

五、 結論

聖經的上帝，就是這樣絕對的上帝，上帝就是「絕對」，我找到上帝的「絕對」後，我的人生有了目的，道德有了規範，真理有了憑藉，宇宙有了主宰，耶穌就是道路、真理、生命、只有藉著祂才能到「絕對」那裏去。

自一九三一年以後，我的人生有了定向，不再飄搖無定，對真理有了懇定的態度，不再做二十世紀的「犬儒」。我對善惡是非，有了更正確的認識，而不是風雨飄搖兩面倒的牆上草，我更能欣賞宇宙的奧妙，因為萬有是「我父的世界」。

就是如此，我在一個相對主義的世界裏，找到了「絕對」就是聖經的上帝。

我在事奉主五十一個年頭，雖然找到了「絕對」，但還沒有注意「絕對」在哲學上明確的定義。近幾年來，多少讀了幾本哲學書，叫我心感愉快的，就是哲學家所討論研究的「絕對」使我更清楚了解我所已找到絕對的「上帝」。

茲引辭海對「絕對」下的定義：「絕對」（Absolute）事物之有對待關係者，曰相對；只有此方面而無其他方面者，曰絕對，換言之，事物之意義完全獨立，無條件，無限制者為絕對，有待於其它事物而始成立者為相對。例如君之與臣為相對，父與子為相對，獨立國家之主權，不容侵犯為絕對是。

在我們基督徒的思想裡面，上帝就是那個絕對，我們去尋求祂，上帝造人的時候，就把尋求上帝的心放在我們裏面。這個尋求可以說尋求一個救法，尋求一個歸宿，尋求一個寄托，

或尋求一個安慰，尋求一個絕對，也尋求一個真理。不管用哪一個名詞，總之你的人生總在尋求一樣東西，這就是絕對，也就是上帝。主耶穌說：「我就是道路、真理、生命，若不藉著我，沒有人能到父那裡去」。約翰福音 14 章 6 節

　　這一個絕對，我們要去，藉著主耶穌而能達到的，而能抓住的，而能享受的，而能找到的。這是從主耶穌那裡得到的，上帝把尋找的心放在每個人心裡，世界上的人都在追求，大家都在探索。雖然他們不知道在找的是什麼，真正尋找的人，一定能找到。如何能找到呢？從主耶穌那裡可以找到，就這樣，我在這一生找到了「絕對」。

The Size of Good and Evil
善惡的大小
Circa 1982

阿摩司書 5：14 -15 節

你們要求善，不要求惡，就必存活，這樣耶和華萬軍之神，必照你們所說的，與你們同在。

你們要求善，不要求惡，有一個目的，就是使那個國家繼續存在，社會可以穩定。今天我們有純正信仰的教會，都是講得救是本乎恩，也因著信，不在乎自己的行為，並且得救是叫罪人來到耶穌面前，而不是把罪改好了才來信耶穌。無論哪種罪人，到基督面前，就得赦免。所以我們反對律法主義，這就是馬丁路德與天主教分離的緣故。只要信就可稱義，不需要改變自己，罪人來到耶穌面前即可得救，重點在「因信稱義」，本乎恩，因著信。

但做了基督徒以後，好像這種精神繼續下去。只要信了耶穌，得救了，自己的行為好壞就沒有關係了似的，所以讀了羅馬書「因信稱義」後，再讀雅各書「信心若沒有行為就是死的」便發生了問題。殊不知羅馬書是講到人得救在神面前的關係，雅各書是講到得救後在人面前的表現。沒有表現就沒有真的得救，得救是由信心而來，可是得救以後就應該行善。弗 2：10 節「我們原是他的工作，在基督耶穌裡造成的，為要叫我們行善，就是神預備叫我們行的。」我們這些人都是在耶穌基督裡造成

的工作，神所作的工或所作的藝術品，或所作的工具，神工作的目的，是要叫我們行善，得救是本乎恩。

神為何要救你我呢？

救你我是為了叫你我都行善。行善是什麼善呢？聖經裡告訴我們就是「神預備叫我們行的。」是神所要你作的事，預備好了要你我作的，換句話說，神生了你這個人，救了你這個人，祂安排要你作很多事，那些事，你去作就是行善。但不是拿行善來買我們的救恩，乃是得了救恩以後，所應作的，就是遵行神的旨意。進一步，善既是神的旨意，所以善惡的標準決定於神。在歷代志上、下，列王紀上、下，記載王登基所行耶和華看為善的事，神就賜福他們，王登基行耶和華看為惡的事，神就懲罰他。善惡的標準分辨是以神的眼光，而不是我們自己的看法。

詩篇「耶和華本為善」，神的本身就是善，善是出於神，由神來決定的。那麼，善有分大小嗎？聖經裡講的只有大而無小。「誡命中什麼是最大的呢？你要盡心、盡性、盡意、盡力愛主你的神，這是最大的誡命，其次是愛人如己。」似乎愛有差別。主說「我餓了，你給我吃，我渴了，你給我喝，我赤身露體，你給我衣服穿。那人說，我沒有這麼作。主說，「你把這行在一個小子身上，就是行在我身上了。」善都是行在主耶穌身上，凡事行在主耶穌身上的，就是美事。

寡婦捐的兩個小錢，是一樁大事。所以作善事方面，只有

大沒有小，因為大小都出於神的旨意。神要你作的，善就無大小分別。

惡有大小嗎？

惡與罪，聖經上有點分別：一件事本身不好謂之惡。在神眼前犯了律法謂之罪。罪惡綜合在一起講，罪惡也只有大而無小。神對亞伯拉罕說：所多瑪和俄摩拉的罪惡甚重，我要下去刑罰他們，大到被火毀滅那個城（創 18，19）。神對挪亞說因為地上滿了他們的強暴，我要把他們和地一並毀滅。因為耶和華見人在地上罪惡很大，終日所思想的盡都是惡。（創 6：5）大到用洪水把世界湮滅。罪無大小，罪就是罪。用神學的主張講，罪就是背乎神的旨意，背乎神的命令的一切言語、行動、態度、和生活方式。罪不是人定的，而是神定的。所以列王登基以後，行耶和華眼中看為惡的事，是神看見他的惡，而不是我們認為他的惡。惡是以神為標準的。凡是違背神旨意的，違背神本性的一切事都是惡，都是罪。

「罪」字之用意，聖經裡所講的：

1、**羅馬書2：23節** 裡告訴我們，違反律法的就是罪。這律法不是世上的律法，而是神的律法。故違反神的律法就是罪。至於違反的程度和範圍如何呢？在一條律法上跌倒，就是在全律法上跌倒。有的說犯姦淫的是大罪，中國人說萬惡淫為首，聖經裡說，情慾所結的果子第一就是姦淫。提摩太前書 6：10「貪財是萬惡之根。」中國人為了面子總喜歡說些無傷大雅的

謊言。但經上說，撒但是謊言之父。就像罪也有等次，但沒有所謂犯最小而不用計較的罪。因只要犯了律法上的一條，就犯了眾條。

2、**羅馬書 12 章**　說罪它本身就是不對。從神的本性，神的原則，神的旨意看，不但犯了明文的律法，凡違反神的旨意，雖未明文列舉的，也是犯罪。聖經所提示的是道德的原則，道德的標準，這規範是永存的，不改變的。

3、**羅馬書 1：18 節**　說偏離了正路，神有一條正路要你走，如偏一點也是罪，因差之毫厘失之千里。

4、**罪是不中的**，就如射箭沒有中紅心，不管離紅心差多少，總沒有達到神要你作的那個地步。

5、**以弗所書 2：1 節**　過犯也是罪，過犯是人的意志侵犯神的意志，我們的打算代替了神的打算。

6、**提摩太前書 1：9 節**　罪是無政府的狀態，你的生活在無神的政府，無神的政權下，無法無天就是罪。

7、**約翰福音 16：9 節**　罪就是不信，不信耶穌的是一個根本的罪。

如人之將死，有人告訴他一個秘方吃下去，可以不致死亡。因他不信，拒絕服用，終於死了。雖然病可以致死，何嘗不是因拒絕服用那個人人都見證有效的秘方而死呢？或有人問，信耶穌信其某部分可否為信？信其教訓不信其救主，可否為信？

信無大小信，不信就是罪。

結論：雅歌書 2：15 節 這是表達個人的愛情，實際上是表達我們同主耶穌的關係。「要給我們擒拿狐狸，就是毀壞葡萄園的小狐狸，因為我們的葡萄正在開花。」這是男女戀愛的時候在葡萄園作工，葡萄正在開花，裡面有小狐狸毀壞他們的成果，戀愛受到損失，故為我們去擒拿小狐狸。

今天我們的生活上，在與主耶穌的來往當中，有許多小事情應該要改變的，應該要對付的。今天我講的不是靈性的，而是生活上擒拿那些小狐狸。善只有大，惡只有大。我們認為最小的惡，就是我們的致命傷，如小癌症就是大事，應把它拿掉。

Quality and Quantity Interchange
質量互變
Circa 1982

路加福音 24：49 節

我要將我父所應許的降在你們身上，你們要在城裡等候，直到你們領受從上頭來的能力。使徒行傳 2：41 節 於是領受他話的人，就受了洗，那一天，門徒約添了三千人。2：47 節 讚美神，得眾民的喜愛。主將得救的人，天天加給他們。

今天我選這個題目是講我們教會裡工作的方向，在教會裡究竟應以量為優先還是以質為優先？今天大部分的教會是以量為優先，而量與質是分不開，互有關係的。

諸位想一個注重質的人，是不注重量的，也許有人有這個錯誤，但這不是錯誤，這是神作工的方法。質與量是不可分的，因為從質裡面才可產生出量來，這種量才是真量不是假量。耶穌五餅二魚吃飽了五千人，耶穌騎驢進耶路撒冷，拿著樹枝，用衣服鋪路，高喊著和散那的群眾是那麼的多。但當耶穌被釘在十字架上，那些門徒都走了，五餅二魚吃飽過的人走了，高唱和散那的歡迎人群都走了。另外發現許多人，高聲喊叫著，釘他十字架，釘他十字架，釘他十字架。群眾是不可依靠的。

主耶穌復活以後，一次曾向五百人顯現，而主耶穌升天以後，在馬可的樓上禱告的只有一百多人，其餘的人呢？這百十人和那些吃飽過的五千人，及唱和散那的許多人比較起來，誰

重要呢？當然這百十人重要，因為他們就是基督教建立發展的基本成員，他們都是跟隨主耶穌，聽過祂講的道，看過祂顯的神蹟，看過祂死，也看過祂復活。

主耶穌復活了，他們再回來聚集，百十人在馬可家樓上，其他那些見利就來，見危就散的群眾，主耶穌能把教會放在他們肩上嗎？不！主耶穌同這百十人四十天在一起，親自講聖經的道理給他們聽，開他們的心竅，讓他們明白聖經上所指的彌賽亞要經過受害，叫他們看見被釘死又復活的事實，叫他們出去作見證，他們從耶穌所領受的，確具有良好的資格，但耶穌說你們要在耶路撒冷等候那從上面來的能力。在質上面還不夠，談不到傳福音，談不到作見證，談不到建立教會，直等到上帝的聖靈來了，然後才出去作見證。他們一開始第一次講道就有三千人歸主，第二次就有五千人歸主，由此可見教會裡的質應到什麼程度才可出去傳道？主耶穌升天以前，只有一個總命令，你們要到普天下去傳福音。

傳福音是要憑聖靈的能力，就如羅馬書所指，我們的得救也是全憑聖靈作工，我們的得勝也是裡面被聖靈充滿而向外所結的果子。把耶穌的生命從裡面流出來，才是屬靈的生活。屬靈的生活不拔苗助長的，現在一些作主工的都不是從裡面發出來的，而是外面的、計劃的、組織推動的力量。如果從裡面發出來是自然的，不是勉強的。我們教會裡初受浸的弟兄姐妹們帶領了許多家人，朋友來崇拜是，出於內心，一種力量的推動，

就是個人佈道傳福音，也是生命自然的流露，不是勉強訓練鼓勵的結果。領人歸主讓量的加增，是從裡面質出來的，靈性進到一個地步，使你裡面滿了動力，滿了愛心如要爆發似的，聖靈在信徒心裡作的工，讓他表現出給人看見，不得不來。來是受聖靈感動自己來的，不是組織的群眾，不是人工造出來的群眾，而是聖靈的力量在人心裡作工，心就活躍起來，就發出力量。

那些門徒看見主耶穌死了、復活了、壓在他們心中，想講不敢講，直等到聖靈來了，變成他們的信息，到處傳揚。耶穌是救主，來叫我們同上帝和好，他們也知道人是犯罪的，耶穌來是要審判死人活人的，他裡面滿了信仰，有切實的認識，抓著聖靈的能力，門徒就作工了。

因此我們看見那時的教會，因有質的緣故而產生量，量是從質來的。但我們立即發現使徒時代有了量以後，內部就複雜起來了，由量多而複雜，又把質降下去了。如哥林多變成了屬肉體的教會，加拉太是異端的教會，歌羅西的信仰也發生了問題。又如啟示錄講了七個教會代表了當時教會的情形，第一個以弗所失去愛心，第三個腐化，第四個受異端干擾，第七個老底嘉教會不冷不熱。今天的教會林立，有人批評是平庸的教會，雖人數眾多，都像老底嘉一樣不冷不熱，量裡面摻雜了許多不好的質。

當初基甸一呼召集了三萬兩千人，一走就二萬人兩千人，

只剩下一萬，最後只揀選了三百人爭戰。教會的力量不在乎人多，乃在於每個人真是屬靈的、禱告的、愛主的、犧牲的、奉獻的、這種人越多越好，從質中求量，我們是在主耶穌根基上造屋，將來審判的時候，是草木禾稭的呢？還是金銀寶石的？

傳福音是內心的流露，聖靈充滿的果子，內心有信心的力量流出來。但也有一些人熱心的作工的不是出於聖靈從內心的流露，雖然誠懇的在作，但不是聖靈引導的，保羅說有些人傳道是為的嫉妒分爭，有些人傳道是為叫我難堪，究竟福音是被傳開了，但哪些傳福音的動機是錯的，最近我寫了一篇文章，名為「上帝的攝護與太平天國的革命運動」，那時的傳教士以為太平天國開放中國傳教之門，就幫助太平天國，後來才見到洪秀全夜郎自大，英國助清攻打它，太平天國遂亡，但傳教士仍不能入中國傳教，當英法聯軍攻陷大沽 1858 年簽訂中英條約時，就把進中國傳教列入條款中，這種傳教是以軍艦大炮作後盾的，雖然他們傳福音的動機是對的，可是他們的方法確實錯的。又如最近葛理翰在莫斯科佈道說，看不見蘇俄有宗教的壓迫，殊不知離他不遠處很多要聽道的民眾使徒們被警察攔阻，而聽道的都是憑票入場的，為了傳福音把真理放在一邊，說假話，掩蓋事實，沒有真理，為傳道犧牲真理，犧牲誠實，這樣的傳道是可以的嗎？

既然傳福音是內部靈性的流出，但現在你沒有肯傳福音，沒有活水的江河流出來，不是裡面有了問題，就是靈性還沒有

發展到那個地步，為什麼我們不肯為主作工呢？一定靈性不是出了事，就是不夠長進，不夠奉獻，不夠追求，裡面沒有豐盛的生命。固然我們不在求量，但質進步了沒有？如質有進步，自然的流露就是引領人歸主，因之教會裡的質與量是互為因果的，要在質裡面求量，責任落在每一個信徒，自己的靈性進步，熱忱愛主愛人追求此自然流出來的傳福音工作，這樣的在量上自然會有進步。

What You See is Made from the Visible & the Invisible
所看見的並不是從顯然之物造出來的
Circa 1982

希伯來書 11:1-3 **節**

信就是所望之事的實底，是未見之事的確據，古人在這信上得了美好的證據，我們因著信，就知道諸世界是藉著神的話造成的，這樣，所看見的，並不是從顯然之物造出來的。

這次在台灣一個月裡面我看見了神的工作，譬如在我們夏令會中，人不太多，所以那些不信主的人，在三、四天內，差不多全信了，除了一個佛教徒之外，信主的人差不多都是奉獻再奉獻。我講道一直都是這個講法，裡面不用什麼特別的方法，比方激起人的感情來。但是聖靈作工，在見證會中就有三、四個年輕人或是認罪流淚，或是奉獻時流淚，或是表示接受主時流淚，因此我想到一件事，就是講的信息是一樣的，講神的話是一樣的，但話的後面有不同，那就是聖靈所作的工。

希伯來書 11:1-3 節 信就是所望之事的實底，是未見之事的確據，古人在這信上得了美好的證據，我們因著信，就知道諸世界是藉著神的話造成的，這樣，所看見的，並不是從顯然之物造出來的。

世界是藉著神的話所造成的，世界是看得見的，神的話是看不見的，在這裡看見基督教的基本思想，就是世界是上帝所造的，我們認為這個世界是真的，不是我們心裡想像出來的，

Collected Sermons Vol. 2

我們人在也好，死也好，有思想也好，沒有思想也好，世界總是在的，但許多人認為世界是真的，世界的後面就再沒有東西了，只有所看得見的是真的，看不見的就沒有了。當然另一些人說看不見的才是真的，看得見的都是虛幻的，而不是真的。

基督教是這樣的看法，世界是上帝所造的，是真的，但是真的的後面還有一個存在，那個存在是眼睛看不見的，這個現實的世界是從那個看不見的不顯然的東西所造出來的，兩個都有，兩個都是實在的。我們一切思想都要受這「話」的支配，我們對人對世界的看法都是真的，換句話說，物質是真的，精神也是真的，而且都是實在的。用這個看法，我們就把認為只有看得見的才是真的，看不見的是不要緊，甚至是可以不管它的這個思想拿去，這是很重要的。

我們看希伯來書 11:4-40 節，舉列來說，該隱和亞伯的事，亞伯獻上的祭，被神悅納，倒被殺了，挪亞因信造了方舟，亞伯拉罕因信蒙召遵命出去，雅各臨死時為子孫禱告，因為他知道神有一個應許給他，那就是叫他的 12 個兒子成為 12 個支派。約瑟因著信，臨終時說，把自己的骸骨帶回迦南地去，摩西因著信丟棄了一切皇宮的享受，與神的百姓一同吃苦，經過曠野往迦南地去，另外尚有許多的記載，當時的那些人有那樣的表現，並沒有看見他們所應得的，但是他們制服了敵國，行了公義，得了應許，堵了獅子的口，滅了烈火的猛勢，脫了刀劍的鋒刃，軟弱變為剛強，爭戰顯出勇敢，打退外邦的全軍，又有

147

人忍受嚴刑，不肯苟且得釋放，為要得著更完美的復活，又有人忍受戲弄，鞭打，捆鎖，監禁各等的磨煉，被石頭打死，被鋸鋸死，受試探，被刀殺，披著羊皮各處奔跑，受窮乏，患難，苦害，在曠野、山嶺、山洞、地穴，漂流無定，本是世界不配有的人。

我們看見了他們如此的忍受，並沒有得著他們所要得著的，換句話說，他們裡面有那些看不見的神的話，神的力量在他們裡面，使他們過那樣的生活。他們的表現都是在他們裡面那看不見的能力，一種信心促使來的。這與一般的思想，尤其是會分析人的思想不同，事情一經分析只看見物質的，社會的，看得見的原因，看不見最裡面的原因，這就是我們只相信看見之物，沒有想到裡面屬靈的原因。

我們看今天的世界，像挪亞的日子一樣照樣吃喝嫁娶，吃喝嫁娶的背後有一個原因，因為這個世界是屬於魔鬼的，這世界的王是魔鬼。這次在台灣，有人請我講幾句話對台灣的感想，我先講台灣的好，後來我說 1975 年以前和以後當然有許多不同的地方，看見台灣一年比一年房子更高更多，汽車也一年比一年更多，大餐廳也是此起彼落，很是繁華。但是我所看見的台北裡面少了一樣東西，是從前有的，現在沒有了，就是一個精神的力量，從前有老蔣總統在那裡讀荒漠甘源，在禱告，有那股精神力量存在，現在這股看不見的力量沒有了，我覺得危險的很，物質繁盛裡面有一種最要緊的東西缺少了，實在是很大

的損失。我們看一個人很容易看他的錯處，用個人過去的背景來分析他，用環境來分析他，忘記了他裡面有一個要緊的愛犯罪的天性，保羅說在我裡面沒有良善，就是「罪」在裡面，在一切看得見的背後就有那不顯然的東西在那裡作主作王，就是魔鬼的力量，主耶穌明明講世界上有一個王，不但對世人加以控制，連主自己來到世界都要加以試探。

主耶穌來不僅要救我們脫離罪惡，乃是要把這世界的王打倒，救我們脫離罪惡的權勢，叫我們不再受控制及肉體的引誘，叫我們不在它的範圍底下，讓我們真能看見上帝已經在背後那最要緊的地方對付我們。主耶穌說不可殺人，凡心中恨人的就是殺人了，凡心中動淫念的就是犯姦淫了，保羅也說錢財是萬惡之源，「貪」可能是有錢的人貪，也可能是沒錢的人貪，追求聖靈充滿是好事，但如果求時心不正，動機不善，乃是惡，不論是求聖靈充滿或是求恩賜，都是外面的東西，主要看我們心裡的動機和傾向，神注重真正裡面的自己，甚於所謂的修養，也很多是做出來看的，外面的，不是真自己。

聖經上說「人若賺得全世界，賠上自己的生命，有什麼益處呢？」賺得全世界是看得見的，生命是看不見的，但生命勝過全世界，所以說看不見的更重要，那婦人捐出的兩個小錢，主耶穌是看重那婦人的心，不是那錢。

哥林多後書 4:16-18 節「所以我們不喪膽，外體雖然毀壞，內心卻一天新似一天，我們這至暫至輕的苦楚，要為我們成就

極重無比的榮耀，原來我們不是顧念所見的，乃是顧念所不見的，因所見的是暫時的，所不見的是永遠的。」這是真話，一個人可以去追求學問、學位、財產，但是要曉得那是暫時的，主耶穌說：「你們要先求祂的國和祂的義，這些東西都要加給你們了」將來在上帝國度中顧念那些追求看不見的人。

在台灣這一個月裡，神讓我學到這個功課，知道我們所看見的，不是顯然之物所造的。世界是藉著上帝的話造成的，不是外面的任何東西，今天的一切問題也都是如此，我們要看我們裡面是什麼樣。

The Four Factors That Constitute Christianity
構成基督教的四個因素
Circa 1982

何西阿書7章8節

以法蓮與列邦人攙雜，以法蓮是沒有翻過的餅。

　　基督教、教會、或個別的基督徒，有四個因素是不能缺少的，像造房子一樣不能缺少四個根基之一，我們先看何西阿書7:8節「以法蓮與列邦人攙雜，以法蓮是沒有翻過的餅。」我注意後面一句話，其意思是一面烤糊了的，一面是生的，意思是提醒我們不要單單注意一方面。

　　每一個人對基督教的四個構成因素可能有不同的觀點，就個人來看，有這四個因素：

　　一、是信仰。　二、是靈命。　三、是關係。　四、是實踐。

　　第一「信仰」我們先從「信仰」來看，今天我們中國教會中，只注重靈命的得救重生，而沒有注意到信仰，反而有許多人認為信仰是多餘的，是冷酷的，是太理智的，沒有什麼用處的，輕視信仰，只講靈命。

　　希伯來書 11:6 節「人非有信，就不能得神的喜悅，因為到神面前來的人，必須信有神，且信祂賞賜那尋求祂的人。」主耶穌在約翰福音 14:1 節 說「你信神，也當信我。」所以基督徒不但信上帝，也要信耶穌。羅馬書 10:9-10 節 說「你若口裡說耶

穌為主，心裡信神叫他從死裡復活，就必得救，因為人心裡相信，就可以稱義，口裡承認，就可以得救。」

一個人要能信福音就必須要聽福音，聽福音必須要傳福音，傳福音就是傳信息，傳真理，就是傳一個信仰，我們必須先有基本的信仰，才能傳出去給別人聽，所以信仰是第一步，信仰是從神的話來的，神藉著先知和耶穌啟示我們，都寫在聖經裡，所以我們的信仰是根據聖經。

第二「**靈命**」主耶穌說「我來是要叫人得生命，並且得的更豐盛。」歌羅西書 3:4 節「基督就是我們的生命。」除了信仰外還有神的生命在我們裡面，有了生命還要把它發展出來，要發芽長大並結出果子，哥林多後書 3:18 節 說「我們要榮上加榮變成主的形狀。」保羅在以弗所書說到「你們要長大成人，滿有基督長成的身量。」意思是說，我們裡面的耶穌給我們那生命是要生長的，但這些都是神所做的工作，祂的恩典，不是我們能做的。我們在知識上要長進，在靈性上更要長進。彼得後書 1:5 節「正因這緣故，你們要分外的殷勤，有了信心，又要加上德行，有了德行，又要加上知識，有知識又要加上節制，有了節制又要加上忍耐，有了忍耐又要加上虔敬，有了虔敬又要加上愛弟兄的心，有了愛弟兄的心又要加上愛眾人的心，你們若充充足足的有這幾樣，就必使你們在認識我們的主耶穌基督上不至於閒懶不結果子。」由此可見，靈性的長進是一步一步，一點一點加上去的。

第三「**關係**」這是指我們同神的關係，基督徒最要緊的一件事是與神發生了關係，主耶穌說「我就是道路、真理、生命、若不藉著我，沒有人能到父那裡去。」我們與父神的關係，是造物主與被造的關係，也是父子的關係，信主後要加強這個不斷長進的關係。約翰一書講到交通的關係，「關係」是我們靈性上要緊的部分，因為聖靈將與神相通的關係賜給我們，使我們與神相通，也使我們彼此相通，相通是眼所不能見的，只有心靈能知道。若論要和神的屬靈關係的話，有許多事要做，例如禱告、默想、讀經、背經文、崇拜、領受聖餐等等，這都是神作工的根據，是非常緊要的事情，是增加我們和神交通和發生關係的媒介。

第四「**實踐**」一個有信心的人，一定要在生活上，行為上表現出來，如果不表現出來那就是假的，在實踐裡包括了許多事，包括在教會的事奉，傳福音的工作，愛人的工作，對社會關懷的工作，和神對世界永遠的計劃的關心，基督徒不是要表現個人的一切，是要體貼神的旨意，我們不但要靠著聖靈得生命，也要靠著聖靈行事，我們整個的生活和為人要完全照聖經做才行。

這四個因素，我們看看能缺少哪一個呢？今天一般的教會往往趨向只注意第二個靈命，而忽略信仰，關係和實踐，以為屬靈人只要注重靈命就好了，是不完善的，我們基督徒在這四方面都要造就，尤其是一個教會更應注意平均發展，這樣才是

真正建立教會，也才是基督徒個人的真正成長。

The Motivation for Believing in God
信 主 的 動 機
Circa 1982 年

使徒行傳 17 章 26-27 節

他從一本造出萬族的人，住在全地上，並且豫先定準他們的年限，和所住的疆界，要叫他們尋求神，或者可以揣摩而得，其實他離我們各人不遠。

何西阿書 5:6 節 他們必牽著牛羊去尋求耶和華，卻尋不見，他已經轉去離開他們。

再看 15 節我要回到原處，等他們自覺有罪，尋求我面，他們在急難的時候必切切尋求我。

申命記 4:29 節 但你們在那裡必尋求耶和華你的神，你盡心盡性尋求他的時候、就必尋見。

希伯來書 11:6 節人非有信、就不能得神的喜悅，因為到神面前來的人，必須信有神，且信他賞賜那尋求他的人。

勸人信耶穌，真正出於心底的動機到底是什麼？聖經上告訴我們上帝創造我們的時候已經把尋求祂的心放在人的裡面了，所以人生來就是要尋求上帝的，人的靈魂體三部分，其中靈就是與上帝相遇的地方。在每一個人的心中都有一種尋求的欲望，各各年齡有各年齡的不同。當我們幼小的時候，只知尋求生存，所以有吃有喝就夠了，稍長就要加上尋求活動，漸漸大起來裡

面尋求的東西也就跟著多起來。並且那股尋求的力量非常之強，在孩子們身上就可以看到滿身活力滿有盼望，再往後就會有求偶的心願，要結婚要生孩子，當這些都有了仍不滿足，還要求成就，想權柄，想管別人…人並不知道為什麼會有那股尋求的力量發動出來，只感受到在世界上所尋求到的一切都不能填滿心中的空缺，直到奮鬥到老，仍是不滿足。這個空缺正是上帝放在我們心中的那顆尋求與祂相合的心，一旦與上帝相合了，就能得到滿足，聖經上說世上的人尋求我的，連一個也沒有，那是因為那顆尋求的心被罪惡所掩蔽起來了。

我們從經上的幾個例子來看信主的動機：

一、撒瑪利亞的一個婦人。她要在性上尋求滿足，耶穌說她有五個丈夫，現在有的還不是她的，心中不滿足就去打水喝，耶穌曉得她心裡的需要，於是就對她說，妳喝了這水，還要渴，我可以給妳的水，叫妳喝了永遠不渴，可以在妳裡面成為泉源，直湧到永生。(約翰福音 4:13)

二、與耶穌同釘十字架的強盜之一。對另外一個強盜說，「我們是應該的，因我們所受的，與我們所作的相稱，但這個人沒有作過一件不好的事，就說，耶穌阿，你得國降臨的時候，求你紀念我，耶穌對他說，我實在告訴你，今日你要同我在樂園裏了。」(路加福音 23:39-43)。臨死才發出追求主的心願的不太多，人人都懼怕死，死在人心裡中掌權，但當我們知道了生的目的和死的去處的話，就不會害怕了，信徒都知道自己的肉

體死後，靈魂是永存的，並且是與耶穌同住的，這是一件好得無比的事情。

三、一個知罪悔改的撒該。在耶穌來到的時候，因自己個子矮小，看不見，於是爬到樹上去看，耶穌看見他就說，我今天要住在你家，耶穌一進他家門，他就說，我是罪人，我要變賣一切所有賙濟窮人………今天救恩就到了這家，「人子來，是要尋找拯救失喪的人。」(路加福音 19:1-10) 失喪的人也要有需要耶穌的意念，才能與耶穌相合，得到滿足，罪惡感使人從心裡知道自己有罪，因此就促使人去追求真善美的生活，人都有努力追求「好」的意願，但是靠人的努力是無法做到的，保羅說：立志行善由得我，行出來由不得我，這不僅僅是基督徒的經驗，非基督徒也有同樣的經驗，就是心有餘而力不足，此時就會形成一股需要耶穌的意念。當一個人接受了耶穌，並在主裡追求就能得著這股行出來的能力了。

四、另外還有一種動機。就是人天生不但要自己好，也希望別人好，世界好，還要有一個好的社會，一個真正憂心憂國的人，會發現自己裡面缺少那股超然的力量，簡直力不從心，1948 年共產黨就要打到上海了，王明道在上海講道，他說滿清時候我們以為推翻滿清建立民國大家就有希望了，後來滿清推翻了，我們又變得只要打倒軍閥，就有希望了，後來又說，只要國民革命成功就有希望，後來又說，打敗日本就有希望，最後說……這一陣陣都是人的思想，人的夢，都沒有成功，實在

的情形是，人要改革世界是做不到的。施洗約翰傳福音時，很多人來聽道受他悔改的洗禮，並且見證耶穌是神的兒子，當時安得烈列對他哥哥彼得說，我們遇見彌賽亞了，所謂「彌賽亞」就是一個能把猶太國從羅馬人手中救出來成立一個獨立的國家，恢復大衛時的榮耀的人，他們以為耶穌是這樣的一個君王，所以就跟隨了耶穌，但是耶穌來是要先死在十字架上，然後要住在人的心中，所以彼得最後被聖靈充滿，就不再提大衛國的事，而是傳揚神的福音給萬民了。基督徒必須順從神的旨意，要知道這個世界必須是從神來的，不是人可以改變的，我相信有些人為著救國、救民、救世界而信主的，盼望這樣的人越多越好。

五、保羅在哲學的中心，保羅在希臘雅典的時候，看到這地方拜偶像的景況，就警告他們的錯處，提醒他們正確的觀念，認識創造天地的主，神不住在人手打造的殿，祂造人是要叫人尋求上帝，迷信的自然主義和拜偶像的自然主義都是錯誤的。

人人都需要耶穌，不同的人身上有不同的需要，有的人為著心靈的快樂，有的人想到死亡，有的要追求道德免去罪惡感，有的人要服務社會，有的人在追求和深處找出其需要，回顧看看我們需要的是什麼，從我們現在的需要中能找到上帝，我們相信耶穌是今天的事，眾生的事，現在的事，信了耶穌就使心靈得安慰，想到死也會有平安，而當我們得到了耶穌就是一個完整的人生了。

The Last Resort
不得已
Circa 1982

哥林前書 9 章 16 節

我傳福音原沒有可誇的。因為我是不得已的，若不傳福 音，我便有禍了。

我們鼓勵信徒出去傳福音，可以從很多方面去做，每一方面都有它的重要性，今天我要講的是「我傳福音是不得已的，不傳就有禍了。」這是指傳福音是由裡面到外面的，不是外面的動機刺激叫他去做的，並且也是一種自然流露出來的生命的表現。

我們先看傳福音的幾種動機：

一、我們傳福音最常用到的，一節聖經就是耶穌升天前留下的大使命「你們要往普天下去傳福音直到地極」這是主耶穌自己的命令。

二、我們看見世人像羊沒有牧人都走迷了路，靈魂將要毀滅，起憐憫的心要傳福音給他們。

三、因為得救人數滿了，耶穌才能再來，我們希望耶穌快來，所以要傳福音滿足神的預定人數，能早日把天上的國建立在地上。

四、另一種動機就是現在美國教會最提倡的，為了教會數

和量的增長。

五、人在精神生活上需要帶領，幫助他們找到生命的意義，找到寄託。

六、最後一種，我們大家都曉得要查經，又都很忙，所以就捐出錢來請一位牧師專門做領人歸主的工作，在一般的教會都有如此作風，把領人歸主的責任全部歸給牧師。

以上幾種傳福音的路線都有可取之處，在某個時期或某個環境，適合用某一條路線，但是今天我所講的是平常教會不常注意的，就是領人歸主，傳揚福音，是每一個信徒應該從生命上流露出來的，自己會覺得若不傳福音就沒有盡到自己的責任，虧欠上帝，以致自己責備自己。

為什麼傳福音是從裡面發出來的呢？

我們已經得救重生的基督徒，上帝住在我們裡面，我們的身體就是上帝的殿，上帝不願一人沉淪，盼望萬人得救，所以我們如果順服上帝，尊主為大，那傳福音的熱心，必能從裡面發出來，因為那是上帝自己的工作。

說到主耶穌，祂是上帝的獨生子，上帝愛我們差遣自己的獨生子來到世上為我們受苦，為我們被釘十字架，為我們復活，住在我們的心裡。耶穌是神也是人，在天上也在世上，因此我們說基督是我們的生命，現在活著的，不再是我，乃是基督在我裡面活著，所以傳福音的命令是從天上發出的，也是從我們

裡面發出的。再說到聖靈住在我們裡，讓聖靈充滿就會愛別人的靈魂，傳福音也就是聖靈自己的工作，所以在靈裡面我們要追求長進，靈裡長大了，自然而然的就會發出傳福音的熱心和負擔。

教會增長和教會復興都是很重要的，但基本上教會復興被聖靈充滿才是最根本的問題，因為聖靈充滿了，聖靈就自己會作工，我們的教會是照著聖靈的原則來做事的教會，注重幫助弟兄姊妹靈性方面的造就，靈性好了，我們自己就會佈道，自然而然就會傳福音，不看重外面的組織，讓聖靈在我們每一個人裡面作工，靈性就會好起來，靈性好了，傳福音的口就不由自主的張開了，是忍不住的，就是希望領人歸主，否則心裡就會很難過，至少也會做見證與人分享。

教會復興跟著教會就必會增長，現在我們聚會，不要問我們教會為何不增長，而要問我們的靈性是否復興，每一個人都問問自己，我們到底愛主多少，奉獻多少，為耶穌活出來多少，為上帝做了多少工作，讓聖靈在我們裡面做了多少工作，這是大家的問題，提醒我們要格外努力，為主傳福音，奉主耶穌的名領人歸主。

Repentance
悔改
Circa 1982

使徒行傳二章 37-38 節

眾人聽見這話，覺得扎心，就對彼得和其餘的使徒說，弟兄們，我們當怎樣行，彼得說，你們各人要悔改，奉耶穌基督的名受洗，叫你們的罪得赦，就必領受所賜的聖靈。

這經節提到四個步驟：一、悔改。二、奉耶穌基督的名受洗。三、叫罪得赦。四、領受所賜的聖靈。

何謂悔改呢？原文是「Change of mind」的意思，思想、心意改變後，影響到行為，這就是悔改。以前賈老牧師說「悔改與成聖有密切的關係，可與成聖互相表裡，成聖是上帝之功，悔改是罪人的行為」成聖是心裏所得的生命，悔改是人外表所有的變化，悔改和成聖是一面的」，這是注重「改」字而悔改和信心才是一體的兩面。信心是信上帝，歸向上帝，離開罪惡，思想也改變了。所以正面是信心，另一面就是悔改「Change of mind」。

使徒行傳二十章二十一節保羅：「又對猶太人和希利尼人證明當向神悔改，信靠我主耶穌基督。」這裡就是把悔改和信心放在一起，依靠主耶穌的恩典，神的兒子，離開魔鬼，我們是歸向主而離開了罪，而離開罪的人不一定歸向主，歸向主的人一定會離開罪，所以是由信耶穌而悔改。

使徒行傳三章十九節彼得說：「所以，你們當悔改歸正，使你們的罪得以塗抹，這樣那安舒的日子，就必從主面前來到。」「歸正」在英文聖經中是「converge」「turn about」回轉身來面向主，背對罪。使徒行傳十一章十八節彼得說「眾人聽見這話，就不言語了，只歸榮耀與神，說，這樣看來，神也賜恩給外邦人，叫他們悔改得生命了。」這裡就是說悔改，如同放下手裡的東西，才能接受另一樣東西……新生命，所以悔改是兩面的，不是單單改過，而要信靠耶穌才行。

怎樣才能從世界來到主耶穌面前，從黑暗走到光明處呢？

就是要悔改，約翰福音十六章八節主耶穌說：「他既來了，就要叫世人為罪、為義、為審判，自己責備自己。」所以悔改就是自己責備自己，而不是責備他人。

約拿書三章六節到十節提到悔改的態度「這信息傳到尼尼微王的耳中，他就下了寶座，脫下朝服，披上麻布，坐在灰中。他又使人遍告尼尼微通城，說，王和大臣有令，人不可嘗什麼，牲畜、牛羊不可吃草，也不可喝水。人與牲畜都當披上麻布，人要切切求告神。各人回頭離開所行的惡道，丟棄手中的強暴。或者神轉意後悔，不發烈怒，使我們不致滅亡，也未可知，於是神察看他們的行為，見他們離開惡道，他就後悔，不把所說的災禍降與他們了。」

在路加福音十九章八至十節提到悔改的行為「撒該站著對主說，主啊，我把所有的一半給窮人，我若訛詐了誰，就還他

四倍。耶穌說，今天救恩到了這家，因為他也是亞伯拉罕的子孫。人子來，為要尋找、拯救失喪的人。」以悔改第一會責備自己，第二情緒上會十分的憂傷，第三就會採取實際行為悔改。

馬太福音三章七至八節「約翰看見許多法利賽人和撒都該人也來受洗，就對他們說，毒蛇的種類！誰指示你們逃避將來的憤怒呢？你們要結出果子來，與悔改的心相稱。」所以心裡的悔改，還要有行為結出果子來才行。

悔改和信心是不可分的，信心裡有悔改，悔改的另一面就是信心，二而為一。信耶穌是由行為表現出來的，改變了思想和態度，有聖經的根據。有一個完全奉獻的傳道人，講罪，要人認罪悔改，這樣才能有教會的復興，信耶穌悔改是一生長久的過程，我們不斷地在神面前悔改，不斷地改變思想，不斷地認識罪過，更歸向上帝，要更愛主。就是離開罪惡，離開了罪惡才能更愛主。所以信心包括了悔改，悔改包括了信心，這樣教會才能復興。阿們！

The Unity of Heaven & Man
天人合一
Circa 1983

以弗所書 1 章 10 節

要照所安排的，在日期滿足的時候，使天上地上一切所有的，都在基督裏同歸於一。

用一句簡單的話把基督教講出來，就是天人合一，托爾斯泰說：「宗教就是人與宇宙之間的關係，若人相信有一位神，他與神的關係，就是他的信仰。」中國上古時代就有這種天人合一的思想，中國人不認為一個人是為個人而活的，人存於天地之間，就應到與天地合一的地步，因為尋求上帝的心已經在他們裏面了。保羅說：上帝從一本造出萬民來，目的是叫他們尋求上帝，因為在造人時，就已經把尋求上帝之心放在人裏面了，問題是尋求時是否尋求到真的上帝。

以弗所書 1:10 節「要照所安排的，在日期滿足的時候，使天上地上一切所有的，都在基督裏同歸於一。」歌羅西書 1：16-18 節「因為萬有都是靠他造的、無論是天上的、地上的、能看見的、不能看見的或是有位的、主治的、執政的、掌權的、一概都是藉著他造的、又是為他造的、他在萬有之先、萬有也靠他而立、他也是教會全體之首，他是元始是從死裡首先復生的，使他可以在凡事上居首位。」上帝創造整個世界的計劃裏，一切一切都是愛，在主耶穌同歸於一，用中國的思想就是天於

人藉著耶穌基督合而為一。

在中國古上帝信仰這本書裏講到一些古代中國人的信仰「德配天地」先祖宗的德性好到一個地步,可與天地配合的,中國人認為天地是一個有情的宇宙,有理性、有公義、人應該能達到那樣的理想,易經裏講「夫大人者,與天地合其德,與日月合其明,與四時合其序,與鬼神合其兇吉」,人的思想到配到天地之德,這與西方社會講求的自然主義是相差很遠的。

中庸「誠以靜心」就可以與宇宙打成一片,佛教沒傳到中國之前,人就是這樣在道上追求與天地合而為一的,他們是在尋找上帝,但用的是人的辦法,「人文主義」照著自己的修養、修性去追求的,並且沒有人提到罪使人與天地分開的事,不是從上帝來的啟示。

聖經裏講天人合一是在地位、生命、意志上的合一,人與神的隔絕是始祖犯罪的原故。與上帝合一的第一個難題就是罪作了阻攔。歌羅西書 1:20-22 節「既然藉著他在十架上所流的血,成就了和平,便藉著他叫萬有,無論是地上的,天上的,都與自己和好了。你們從前與神隔絕,因著惡行,心裏與他為敵.但如今他藉著基督的肉身受死,叫你們與自己和好、都成了聖潔,沒有瑕疵,無可責備,把你們引到自己面前。」

共產黨所謂的「合解神學」叫有錢人把財產與分給窮人就了結了。聖經裏合解是藉著耶穌與神合好,然後才在主裏有合好的可能,約翰福音 3:16「上帝愛世人,甚至將他的獨生子賜

給他們，叫一切信祂的，不至滅亡反得永生。」永生是得著上帝的生命，成為你的生命，因此在生命上能合一起來，因為人神相合，必須要先有共同的生命，人若不重生，就不能進神國，在意志的合一，上帝的旨意就是你的意志，才稱為合一。

　　得著生命的人還是可能要照自己的方法去做，問你愛主嗎？愛主，願意犧牲奉獻嗎？願意，若是神的旨意叫你不唸電機、來傳道，心就硬了，不肯，意志上就沒有與神合一，我們只要在地位、生命、意志合一，然後才得在生活整體上與神合一。

The Philosophy of Suffering
受苦的哲學
Circa 1983

一、受苦的來源

　　詩篇七十三篇的作者埋怨說：「看哪！這就是惡人，他們既是常享安逸，財寶便加增。我實在徒然潔淨了我的心……我終日遭患難，每早晨受懲治……我思索怎能明白這事，眼看實係為難。」

　　用簡單的話說：「惡人為什麼享福？義人為什麼受苦」？這是個極其普遍的問題，也是基督徒切身的問題。

　　我們要了解受苦的意義，必須有確定的人生觀與宇宙觀。

　　佛教相信人生就是苦，所謂「生老病死苦」，而世界就是苦海。「佛法普救」，是救人脫離「苦海」，所謂「苦海無邊，回頭是岸」，最後的解脫是無生無死的涅槃境界。這種哲學肯定人生是痛苦的，解脫的方法是逃出輪迴的圈子。

　　與佛教受苦的觀念相關聯的是宿命論，這個哲學以為一切事物，皆依照預定之命運而發生，為人力所不能變更的，一個婦女，遇人不淑，或者早守寡，照這種哲學說，是命裏注定的。（我在此要聲明一下，宿命論，「Fatalism」是預設一個無位格的機械法則，支配著世界和人生。預定論「Predestination」是有位格的上帝，憑其美旨，對世界人生所作的安排。）

苦行主義以苦待肉體為立功立德的法門，這些人惡的淵藪，愈加苦待，愈是積德。其極端份子，會有「受虐狂」的現象，中世紀的天主教皆佛教皆不乏其人，歌羅西二章二十三節所說的「私意崇拜，苦待己身」，就是指這種苦行主義說的。

自然主義以自然界本身機械的現象，人類生活其間，無所謂意義，有利於我的，謂之福，有害與我的，謂之苦，人類唯一能做的事，就是克服自然而已，因為物競天澤，弱肉強食，是不可避免的原則，在這種環境中，求最多的利益，如此而已，無所謂福與苦。

有些哲學家以人生受苦為理由，企圖推翻上帝的信仰，他們說：「人類有痛苦，若是上帝沒有力量解除，那他一定是無能的，人類有痛苦，他有能力解救，而不加以拯救，那他是不義的。」

以上這些哲學見解，都沒有將「罪」在人類痛苦中所佔的地位考慮在內。基督教說，始祖犯罪，自然界受了咒詛，人類就開始在一個不友好的自然界環境裏，汗流滿面，勞苦奮鬥，以求生存，女人也要受生產的痛苦，人類的身體也因此有疾病、痛苦、死亡、人與人之間，也就種下了違反道德的相互關係。

大衛從拔示巴得到一個兒子，因為父親犯罪，兒子就夭折了，大衛在兒子有病時，不吃不喝，身臥地上，一直到他兒子死去，他才恢復正常的生活。大衛的這兒子之死，是他父親犯的罪，同樣洪水滅世，是因世人所犯的罪。同樣洪水滅世，是

因世人所犯的罪。猶太人被擄，是因選民所犯的罪。迦南被滅亡，是他們惡貫滿盈。這說明了痛苦，是由人類的罪惡所產生的，因解除痛苦，必須先解除罪惡。主耶穌為人釘十字架為人贖罪，就是解脫痛苦的第一步，但澈底的解除一切痛苦，還要等到身體得贖，新天新地來到。在最後的救恩未到完全以前，就是信徒要受鞭打，受管教的，這是受苦與罪惡的關係。

二、受苦不一定是罪

人世間有痛苦的存在，固是出於罪，但在現在這個為聖經所規範的時代裏，痛苦臨到一個人，卻不一定完全出於罪。

約翰福音九章的那個生來就盲眼的，引起了門徒討論一個個神學的問題：「這個人生來是瞎眼的，是誰犯了罪，是這個人呢？是他的父母呢」？耶穌回答說：「不是這個人犯了罪，也不是他父母犯了罪，是要他身上顯出上帝的作為來」。

在此主耶穌指出受苦，除了犯罪的原因外，有時也會出於其他的原因，包括顯出上帝的榮耀來。約伯記是聖經中最古的一本書。也是一本討論苦受苦哲學的一本書，約伯自以為無罪，何以遭受損失財產。死了兒子、身生惡瘡、妻子離去的痛苦呢？他的三位朋友硬指約伯一定有罪，否責上帝不會讓這種種苦難臨到他的。從約伯三章到三十一章翻來覆去都是辨論這個道理，他們的錯誤，以為受苦是由犯罪而來，並不知道苦難並不都是出於罪。

三十二章，以利戶一方面指責約伯不以上帝為義，一方面

責三位友咬定約伯有罪。在這裏約伯確未因犯罪受苦，但在受苦之時，沒有以上帝為義，對上帝發生懷疑，以利戶的責備是正確的。

在約伯記三十八章至四十一章裏，上帝說話了。祂沒有解釋為何容許約伯受苦，但事實是因為祂要撒但知道約伯愛神，並完全不是因著上帝所賜的福氣。祂用了一百二十九節的篇幅，問了約伯七十二個問題，大多數是有關宇宙的奧妙的，譬如說：「我立大地的根基的時候，你在那裏呢」？

「你自生以來，曾命定晨光，使清晨的日光知道本位……麼」？

「死蔭的門你曾見過麼」？「你曾進入雪庫過雹倉麼」？

「光亮從何路分開，東風從何路分散遍地」？

「馬的大力是你賜的麼」？

「鷹雀飛翔，展開賜翅膀，一直向南，豈是你的智慧麼」？

上帝是要約伯知道，上帝的奧祕是人不知道的，人既然對這許多問題不知道究竟，為什麼一定要知道受苦的奧祕呢？我們不能承認上帝的意念麼，超過我們的意念麼？我們人所不能了解的，能不能承認是因人類自己的愚昧，而不是上帝的問題呢，我們不能讓上帝擁有人類的智力，所不能了解的奧祕麼？我們不能知道天上的一切事，不是當然的嗎？」

所以約伯說：「我是卑賤的，我用什麼回答你呢?「我從前

風聞有你,現在親眼看見你」,因此我就厭惡自己,在塵土和爐灰中懊悔」。

約伯雖未得知天上上帝與撒但競爭的一幕,但能更清楚認識上帝,豈不是從受苦來的嗎?我們在此不要忘記,受苦不一定出於罪。

三、什麼是受苦?

進一步說,受苦的「苦」是難以加上定義,母親為子女受苦,操作勞碌,教育兒女是苦呢?還是不苦呢?年青的太太,一面治理家庭,一面辛苦工作賺錢,讓丈夫受教育,是不是苦呢?受苦雖有其客觀的條件,但主要的還是主觀的感受。

路加十六章財主和拉撒路的故事,可以說明這一點。亞伯拉罕說,財主生前享過福,穿的紫袍和細麻布的衣服,喫的是「天天奢華宴樂」,但從他的五個弟兄,不聽從摩西和先知的話,就可以斷定他在世的日子,也是個唯物的享樂主義者。他死後的痛苦,不僅是陰間的火焰,而是與上帝永遠的隔離。我們也可以說,上帝隔離是罪惡的結果,也就是死,也就是受苦,固不論其在今生還是來世。

討飯的拉撒路,在生之日是赤貧,沒有飯喫,沒有朋友的接濟,坐在財主門口,喫一點桌子掉下零碎,全身生瘡,並無健康可言。他竟能坐到亞伯拉罕的懷裏,是因為他討飯才上天堂嗎?財主是為了有錢才下地獄嗎?財主有生之日不信摩西和先知,有錢沒錢都是要受苦的。拉撒路的名子是「耶和華是幫

助」，他身無一物，不但屬物質的他沒有，連屬靈的恩賜也沒有，他不是佈道家，不是解經家，不是牧師教師，但耶和華是他的幫助。他不但死後坐在亞伯拉罕的懷裏，生前也必是平靜安穩。知足常樂的。所以拉撒路生前受過苦，死後是享福，從屬靈的原則說，就是生前他也是快樂的。

所以物質的、缺乏、疾病的纏繞、地位的得失、社會的毀譽……是否是受苦，完全看是不是有上帝的同在。

更深的說，「生」是應當讚美上帝的，「死」就該是埋怨上帝的嗎? 二人駕車失事，一死一活。活的人自然感謝上帝了，死者的家人，是該感謝呢? 該埋怨呢? 我說：「活著的是該感謝主，死了的也當感謝主」保羅說：「我情願離世與基督同在，這是好的無比的」，「活著就是基督，死了就有益處」，「受苦」、享福的標準不是生或死，而是上帝的旨意，所以有耶穌同在，就是天堂」。今生來世只有主同在，就是享福而不是受苦。

四、受苦的主

基督教的受苦哲學，「以受苦的主」，為出發點，現在引一段經文將這意思闡明出來。腓立比書二章六至八節：「上帝的形像，不以自己與上帝同等為強奪的，反倒虛己，取了奴僕的形象，成為人的樣式，既有人的樣子，自己卑微，存心順服，以至於死且死在十字架上」。基督的心，就是為人受苦的心。所以主說：「人子必須受許多的苦，被長老祭司長和文士棄絕

並且被殺，第三日復活」，(路加福音九章二十二節。)

希伯來書五章七至八節也說：「基督在肉體的時候，既大聲哀哭，流淚禱告懇求那能救他免死的主，就因他的虔誠蒙了應允，他雖然為兒子，還是因所受的苦難學了順從」。以賽亞書五十三章七節說：「祂受苦的時候卻不開口」。彼得前書二章二十一節「基督也為你們受過苦，給你們留下了榜樣」。所以基督徒要以基督的心為心，背起自己的十字架跟隨祂，這是基督徒受苦的動機」。「因為你們蒙恩，不但得以信服，並要為祂受苦」。（腓立比書一章二十九節）基督徒受苦不是以功德換取救恩，反而是蒙恩的目的之一，蒙恩決不僅僅是享受福氣而已!「和他一同受苦，效法祂的死」，（腓立比三章十節）一同受苦是說與基督同屬一個受苦團契，祂是團契主席，信徒是團友。受苦的意義就不同尋常了。

保羅說：「現在我為你們受苦，………要在我肉身上，補滿基督患難的缺欠」。（歌羅西書一章二十四節），「補滿」，是受苦的另外一個意義。彼得前書四章一節「基督既在肉身受苦，你們也當將這樣的心志，作為兵器，因為在肉身受過苦的，就已經與罪斷絕了」。受苦是個武器，就有了積極的意義。基督徒以「受苦的主」，為出發點，結論到受苦有積極的意義，因此可以說「受苦是與我有益」的了。（詩篇一百十九篇七十一節）

孟子說：「天將降大任於斯人也，必先苦其心志，勞其筋

骨，餓其體膚，空乏其身，行拂亂其所為，所以動心忍性增益其所不能………然後知生於憂患，而死於安樂也」。（告子下）孟子的意思乃是指受苦是今生的需要，保羅說：「我們這至輕的苦楚，要為我們成救極重無比永遠的榮耀」………這是永世裏的成果，保羅一定是天天記得他在蒙召的時候，上帝所說得話，「他是我揀選的器皿，我也要指示他，為我的名必須受很多的苦難」，他有蒙召的挑戰，又有永世的盼望，難怪他是能忍受苦難的。

我們可以說：沒有受苦，就沒有長進，沒有苦難，就沒有福樂，受苦是得基業的預備，最後，還與基督同得榮耀。（羅馬書八章十五節），誰說受苦不是有益的呢？

The Value of Life
生命的價值
Circa 1983

馬太福音 16：26 節

人若賺得全世界，賠上自己的生命，有什麼益處呢？人還能拿什麼換生命呢？

基督徒除了注重自己靈性增長，也該注重到為主作見證，領人歸主，其動機是什麼呢？今天我所要說的是從生命的價值來講。生命或做靈魂，在英文是 soul 的意思。生命可以指：一、**整個人生。二、永遠存在的靈魂。**

所謂益處是指 profit，也是指價值的意思，這節聖經所謂的價值是主耶穌基督所謂的價值，而不是我們所謂的價值。今天世界與我們的生命的價值要從主耶穌的眼光來看，人怎樣生活才能在主的眼光中或為有價值的呢？

以前在佈道時，請一位老先生來聽道，他說聽道有沒有飯吃，這一問題是很重要的，愛主的人也要吃飯呀！主在創造人的時候，為了生存，命定我們要吃飯，生存以後，才有生命，那個生命才能成為有價值的。我們活在世上，物質還是需要的，神在創世時，創造了樹木物質，也是為了給我們吃的，主禱文中「日用的飲食今日賜給我們」，這是需要的，是為了生存的，是為了上帝而活的。

人常常羨慕有錢，存了還要更有錢，整個的人生是以生存

為目的的，以有更多的錢為目的，以賺錢為榮耀。路加福音 12:19-20 節有一個財主人說「靈魂呀！你可以安安逸逸的喫喝快樂罷！」神卻對他說，「無知的人哪！我今夜必要你的靈魂，你所預備的要歸誰呢」！

上帝造人的時候，是要他去賺錢享福嗎？目的是什麼呢？ 是為了要達到上帝給我們的生命價值。凡塞爾說：你是什麼和有什麼是不同的，你所有的（What you have）是你身外之物，你是什麼（What you are）是你的性格、人生、是你的本人和生命。

今天生命的目的，在上帝面前要緊的是，你怎樣生活、是怎樣的人、你的生命是如何的！人生不是看人有多少，而是看他是什麼，在主耶穌的眼光中，你是什麼呢？就是把自己獻給主，為主而生活，使得自己從生到死，處處為上帝，活在世上的生命是有價值的。如果我們賺了全世界而把自己的一生，從生到死沒有為主而活，你那麼活著，有什麼益處呢？

我們看主耶穌的一生是如何揀擇他的生活，如何的來尋求神的旨意。他受洗以後，被聖靈充滿，受撒但的試探，第一個在生活上，第二個在名利上，第三個在世界的榮華富貴上！

世界是撒但的，主來是為了要得著世界。你要拜撒但，不就是得著世界了嗎？為何主要釘死在十字架上，和上帝隔離到陰間去呢？主說：「不可試探主你的上帝，撒但退去罷」主說：「你若賺得全世界而賠上自己的生命，有何益處呢？」我不是說我們每一個人都是拉撒路，我卻盼望我們之中真有財主，不

是在自私自利之下，不是在世界之下，不是在魔鬼之下擁有一切，而是在上帝之下擁有一切。

主說：「人若要跟隨我，必要捨己，背起他的十字架來跟隨我」，因為凡要救自己的生命的，必要喪掉生命的，凡為我失喪掉生命的，必得著生命」。馬太福音 16:24-25 節

我們把從生到死的生命完全為主活，是上帝認為最美的，最有價值的，我們信主的人，不但要自己靈修、得安慰、得能力、得長進、我們更要領人歸主，直到其價值臨到這些人身上，可使他們一生為主所用，把那些人的生命奉獻給主，而這樣活在世上的生命是有價值的。

Believing and Knowing
相信與知道
Circa 1983

約翰福音 4：39-42 節

那城裏有好些撒瑪利亞人信了耶穌，因為那婦人作見證說，他將我素來所行的一切事，都給我說出來了。於是撒瑪利亞人來見耶穌，求他在他們那裏住下，他便在那裏住了兩天。因耶穌的話，信的人就更多了，便對婦人說，現在我們信，不是因為你的話，是我們親自聽見了，知道這真是救世主。

信和知道，有分不開的關係，在定義上「信心」是直覺，直接的認識，由心中斷定真理。「知識」乃是從理智、客觀的根據而建立的。我們這個時代重視理性，認為什麼都要用理性來探討，也有人光重視直覺上面的探討而忘記理性方面的知識，事實上這兩樣是不可分。

哥倫布發現新大陸，他有一個堅強的信心，知道他向西邊走可以到東邊，儘管他在旅程中碰到無數困難，心志卻沒有一絲動搖，之所以看見陸地，發現美洲新大陸，乃是因為他的信心，我們最重要的是裡面的信心，有堅強的信心可以帶領我們到前面去，信心才是我們靈性的開始，知道耶穌是救主，罪得救免，得到重生，生命有改變，勝過罪惡，過成聖的生活，將來與上帝同在，我們知道一定是這樣，才去信，如此信能得救、重生、成聖與上帝聯合為一，都是從我們裡面生起的信心而做

出來的，保羅說「因信稱義」義人因信而活。「信」好比是我們的基本生活方式一樣，我們從知識到經驗，什麼事都從信心開始。

研究科學的人基本上要有一個信心，相信世界是有理性的，宇宙是有因果律的，這世界是有定律有秩序的，若是不信，他不會去研究科學，雖然科學的成功最基本的意識是說神創造的宇宙是有秩序的，但是後來的科學家就把上帝忘了。有人說信耶穌的信心是靠不住的，必須要經驗出來才相信，其實實驗科學本身就是建立在某一種信仰上面的，知識是建立在信心上的，我們相信從這裡才去研究。

希伯來書 11：6「人非有信，就不能得神的喜悅，因為到神面前來的人必須信有神，且信他賞賜那尋求他的人。」一個人要到神面前必先相信有神，相信尋找一定尋見。好比去台灣之前一定先相信有一個台灣才會去，去洛杉磯一定先相信有一個洛杉磯才坐飛機到洛杉磯，假定一個人絕對不相信有上帝，他不會找上帝，找上帝的人一定相信他可以找到，信心就是先信他有，然後再去找他。提摩太後書 1：12「為這緣故，我也受這些苦難。然而我不以為恥，因為知道我所信的是誰，也深信他能保全我所交付他的，直到那日。」知道使我們信的更多，知道後使我們更進一步的相信。

信而知，知而後信，更知更信，一步一步下來，總歸起來：

一、因信心得到知識。 二、知識建立在信心上。

三、信心就能知道。　四、知道後就更多的信。

從不信到信，中間有一個過程，準備要做，耶穌遇到撒馬利亞婦人時，婦人只有物質的思想，沒有屬靈的容量，耶穌從水的事情看出她的空虛，從幾個丈夫中尋求安慰，他有種族的成見，男女的成見，家教的成見，主一一地移去了這些成見告訴她，我就是那要來的彌賽亞，這時婦人相信了，主知道她渴慕抓不到，有追求的心追不到，同時有許多的成見擋住她不能信，必須先拿去種種的問題。

信心與知道有分不開的關系，要把信心和知道合成一片，才對靈性有幫助，有長進。不信的人，請找出你心中的攔阻，對付它，就可以相信，相信就可以知道，可以說「」"現在我們信了祂，我們知道祂真是彌賽亞！"

The Motivation of Evangelism
傳福音的動機
Circa 1984

猶大書 17-23 節

親愛的弟兄阿，你們要紀念我們主耶穌基督之使徒從前所說的話，他們曾對你們說過，來世必有好譏誚的人，隨從自己不敬虔的私慾而行。這就是那些引人結黨，屬乎血氣，沒有聖靈的人。親愛的弟兄阿，你們卻要在至聖的真道上造就自己，在聖靈裏禱告，保守自己常在神的愛中，仰望我們的主耶穌的憐憫，直到永生 。有些人存疑心，你們要憐憫他們，有些人你們要從火中搶出來搭救他們，有些人你要存懼怕的心憐憫他們，連那被情慾沾染的衣服也當厭惡。

世界上的人沈淪在罪惡之中，如在火中，被罪惡壓迫，我們傳福音救人，必須對世人的景況有認識，我們要確知世人在罪惡裡，水深火熱中痛苦活著，所以我們要拯救他們，我們對傳福音不熱心是，看人在火中燒死卻不關心。

一、哥林多前書 4:14-15 節

我寫這寫話不是叫你們羞愧，乃是警戒你們，好像我所親愛的兒女一樣，你們學基督的，師傅雖有一萬，為父的卻不多，因我在基督耶穌裏用福音生了你們。

傳福音是神藉著你，經過生產的痛苦，而生出屬靈的兒女，世人有傳宗接代的本能，要生命的延續，但教會中卻有太多的

人，抱著絕子絕孫的態度，沒迫切的心帶領人到神的面前來，延續教會，在福音上再生兒女，我們避免責任，不願做屬靈的父母、

二、哥林多前書 15:9-10 節

我原是使徒中最小的、不配稱為使徒、因為我從前逼迫神的教會。然而我今日成為何等人、是蒙神的恩纔成的。並且他所賜我的恩、不是徒然的、我比眾使徒格外勞苦、這原不是我、乃是神的恩與我同在。

一個信主的人，是從自私自利，貪愛世界的情慾裡，整個改變了，人必須重生才能見上帝的國，只有神的福音改變人的一生，神藉著我們傳福音，使別人的生命活的更豐盛，更有意義，成為神所重用的人，完全遵行神的旨意。

三、羅馬書 11:25-26 節

弟兄們，我不願意你們不知道這奧祕，(恐怕你們自以為聰明)，就是以色列人有幾分硬心的，等到外邦人的數目添滿了，於是以色列全家都要得救，如經上所記:『必有一位救主，從錫安出來，要消除雅各家一切罪惡。 』

神的計劃中，外邦人得救的數目是有一定的數目滿了，以色列人要得救，主耶穌就要來了，所以多領人歸主，也就是使主耶穌早日再來，這與神的國度有密切的關係

Moral Beauty
道德美
Circa 1984

詩篇 78：4 節，106：2 節

詩篇 78：4 我們不將這些事向他們的子孫隱瞞，要將耶和華的美德和他的能力，並他奇妙的作為講述給後代聽。

詩篇 106：2 誰能傳說耶和華的大能，誰能表明他一切的美德。

上週我讀英國哲學家休姆的道德哲學，有一位作者評論他說：休姆心目中是「特就人的行為實踐展示德性之美，以便促進人的道德行為。」我當然知道他講的道德，不是基督教的道德，他沒有聖經罪的意識，他不像是知道「立志行善由得我，只是行出來由不得我。」他更不會相信聖靈在信徒所做的工作。但在「展示德性之美」這六個字，卻提醒我聖經裡所說的「美德」，就是說「美麗的德」，「道德的美」。「」

詩篇78：4「我們不將這些事向他們的子孫隱瞞，要將耶和華的美德和他的能力，並他奇妙的作為講述給後代聽。」詩篇106：2「誰能傳說耶和華的大能，誰能表明他一切的美德。」除了這兩處，詩篇9：14；賽43：21；63：7；彼前2：9；彼後1：3都有美德的字樣。

希伯來文 tehillah 就是「美德」，舊約的原文字根是讚美的意思，轉為榮耀的意思，再後用以稱被人讚美的人或物件的對

象。在聖經裡榮耀有時指從神那裡發出的物質的光芒，射人眼目的光芒，大部分的用法指神的「優越的德性」，所以舊約的幾處中文聖經翻譯為「美德」。希臘文 areti 這個字，英文欽定本一處翻譯為「讚美」，一處翻譯為「德性」，中文本都翻譯為「美德」。中文翻譯為「美德」，似乎很適合上下文的正意，我認為這是非常好的譯法。這就是說，「美德」是神德性榮耀的光芒，道德是美麗的。

西洋哲學傳統的價值論有三個大要素，就是真善美。從聖經的觀點看來，真善美都是以神為它們的根源。論到「真」，我們可以說與實體相符合的謂之「真」。上帝是最終極的實體，與上帝符合即是真理。論到善，我們可以說與上帝的本性、旨意、誡命相和諧的態度、生活、言行就謂之善，相反的謂之罪。所以有一派哲學認為上帝是至善。

現在論到美了，我們可以說，凡人或物的性質能引起感覺的快感，且能叫人的精神得以提升的謂之美。引起美感的要素有三：（一）在物是完全 perfection 在人是誠篤 integrity （二）在物是和諧 Harmony 在人為平衡 proportion（三）在物是鮮艷 brightness 在人是明晰 clarity 我們若是以這三個要素來衡量，神是完全、平衡、和諧、光榮的、明晰的。因此神就是美。

萬物是上帝所造的，我們在萬物裡找得到完全、和諧、鮮艷這三個元素所附屬的人或者物，就是美麗的，這就是說，美是從上帝來的。同時，人必須先有美感，然後才能鑑賞美。否

則，萬物雖美，我們又何以知之？人的種種美感是上帝所賜予的。

講到這裡，我們知道上帝就是美，世界上，人世間的美是從上帝來的。上帝即是真善美，真善美自然有它們相互相調和統一的性質。詩篇34：8說嘗嘗主恩的滋味，就知道祂是美善。在這裡，美與善並提，兩者不分，可以說聖經認為善是美的。這是道德美的基本條件。

士20：6，創34：7，撒下13：12等處，將惡與醜並提，惡與醜不分。在道德的意義上說，惡是醜的，醜是惡的。但在此，我不是在一般的意義上說，凡是醜的盡都是惡的。聖經認為姦淫，同性戀，亂倫是醜惡的。所以罪有其醜的一面。這樣的判斷也是從上帝是美善的而來。罪惡與上帝的善相反，醜惡與上帝的美相反。罪惡不僅是違反上帝的天性，旨意，誡命，也是與上帝的美抵觸的。

夫妻吵架時，妻子罵丈夫樣子難看，丈夫說妻子醜陋，其實他倆要同時去照鏡子，可以發現大家都是醜陋的。基督徒若是知道他們發脾氣時何等醜陋，最好去照照鏡子，這不過是外表醜像。有些罪惡，外表裝得好看，心地上、精神上、靈性上是醜陋不堪的。

有人自泰國來，說你辱罵一個泰國人，他只是笑笑，好像文雅，溫柔。你若第二次辱罵他，他仍是笑笑，但你第三次辱罵他，他先是笑笑，而後抽刀刺殺你。刺殺你以後他還是笑笑。

這是美麗的笑呢？還是醜陋的笑呢？

論語裡有這樣一段子曰：「巧言、令色、足恭，左丘明恥之，丘亦恥之。匿怨而友其人，左丘明恥之，丘亦恥。」這是說明一個人花言巧語，曲意奉承，過分謙虛恭維，左丘明引以為恥，孔子也引以為恥。一個人將毒恨藏在心裡，表面上卻表示友誼，笑面迎人，左丘明引以為恥，孔子也以為恥。在這裡論語描繪了一幅醜陋的面孔。論語也說，君子喻於義，小人喻於利。一個人關切義，努力行義，另一個人終日思想的是錢，人際關係都是以利為先，滿有市儈之氣，哪一個是美麗呢？

但以理書 5：12 節 說但以理心裡有美好的靈性，這才真是內在美。彼得前書 3：3-4 節 說「你們不要以外面的辮頭髮，戴金飾，穿美衣，為裝飾，只要以裡面存著長久溫柔，安靜的心為裝飾，這是在神面前極寶貴的。」

穿著長袍的法利賽人在街口舉手禱告，自我稱讚一番，另一個稅吏，捶胸認罪悔改，誰是美的呢？欠一千萬銀子的僕人懇求主人緩期償還，懇切求告，好像很可憐，應加憐憫，但他遇見欠他十兩銀子的人，就揪住他，將他送到官府那裡。這是多麼令人氣憤的醜景。

馬利亞打破玉瓶，將香膏倒在主的腳上，門徒雖然批評，主卻說這是一件美事。門徒們嫉妒紛爭，爭論誰為大是醜。弟兄和睦同居，這是何等的善，何等的美！我們的主被釘在十架為仇敵禱告，求神赦免他們，何等的美！祭司長，文士在十架

下冷嘲熱諷，指手劃腳，是何等的醜！

姦淫、污穢、邪惡、拜偶像、邪術、仇恨、爭競、忌恨、惱怒、結黨、紛爭、嫉妒、醉酒荒宴、這些多醜啊！仁愛、喜樂、和平、忍耐、恩慈、良善、信實、溫柔、節制、是何等的美啊！

自然界的山水花草，日月星辰，高山碧海，多美啊！但與上帝永遠同在，是多麼更美的家鄉啊！詠讀唐詩三百首，多麼美啊！但默念詩篇，體會「就是美的上帝」，多麼引起心靈深處的美感啊！總之，上帝就是美，符合上帝的就是美。從上帝來的就是美的。道德是符合上帝的本性的，所以道德是美麗的。

但願追逐世俗醜惡的人，不要忘記上帝的美。欣賞自然美，人工美，藝術美的人，不要忘記道德美。感謝神恩典的時候，不要忽略上帝的榮美。

追求靈命的信徒，不要忘記靈性還有美的一面。我們靈性長進的目標之一，應該是展示道德的美。上帝的德性是美的，信徒的德性從上帝而來，就應當表現上帝的德性美，可以像光照在世上。世人看出了，就榮耀上帝。

因此，我們要更多欣賞上帝的美德。我們要展示美德，讓上帝欣賞美的人生，與上帝的美有分不開的關系。

Ultimate Care
終極關懷
Circa 1986

馬可福音 12 章 28-34 節

有一個文士來，聽見他們辯論，曉得耶穌回答得好，就問他說，誡命中那是第一要緊的呢？耶穌回答說，第一要緊的就是說，以色列啊，你要聽，主我們神是獨一的主。你要盡心、盡性、盡意、盡力愛主你的神。其次就是說要愛人如己。再沒有比這兩條誡命更大的了。那文士對耶穌說，夫子說神是一位，實在不錯！除了他以外，再沒有別的神。並且盡心、盡智、盡力愛他，又愛人如己，就比一切燔祭和各樣祭祀好得多。耶穌見他回答得有智慧，就對他說，你離神的國不遠了。從此以後，沒有人敢再問他甚麼。

「終極關懷」一詞係基督教自由派神學家田立克所所創，被基督教會廣泛使用，我個人反對田立克的神學思想，但今天要用這一個詞作為講道之題。

關懷這個字沒有在聖經中出現，但關懷的意義在聖經中有很多。馬太福音 6 章 31 至 34 節說：「你們不要為生命憂慮，吃什麼、喝什麼，為身體憂慮，穿什麼。生命不勝於飲食嗎？身體不勝於衣裳？」在這裡耶穌所說吃什麼、喝什麼，正是關懷的一個部份，當然關懷包括的憂慮更多，但憂慮實在是生活關懷的某一部份。聖經中用憂慮、思慮、掛心、思念等字來代表

終極關懷——非短暫的關懷，卻是內心深處所最關心之事而言。

「終極」本是哲學名詞——係最後的、最高的、最要緊的、作為一切根基的、達到頂尖的、分析至最終的………一切合之謂之終極。

任何人在世上皆有其終極關懷，在人一生中總有他最關心之事，這一種關懷是全人的投入，包括感請、思想、意志、能力、智力、體力、時間、家庭……一切都投入。至於關懷的對象為何呢？每個人皆有不同之關懷對象，這叫你全心想得著、日夜所思念、迫切尋找的、關心掛念、愛慕憂愁的對象究竟是什麼呢？

人生的終極關懷，可能因時間、環境而有不同。孩子關心吃和玩，長大一些，關心讀書，再大一些，關心男女關係，台灣來美的華人同胞關懷讀書、升學、留美、學位、工作、成家、生子、置產等等; 至於屬靈的事、上教會、交朋友、等事都成為這些目標的配搭而已。以一對具博士文憑的夫婦為例，二人年薪約六萬美金左右，扣除生活開銷、車款、房款……結婚也是為了節省開支，二人拼命努力賺錢，存錢：想兒女又怕生兒女，擔心負擔不起或影響家庭、工作，直至生了兒女，又交給褓母去照顧，這些人的父母、兄弟姊妹，也許是跟著他們一批批地來美定居，彷彿生活的目標就是來美國，然而，來了美國又如何呢？生意人更是如此，我所居住之地靠近小台北蒙特利城，那裡中國人的生意越大、投資愈大，投資愈來愈多，是餐廳、

或是小吃店、超級市場，成天忙著蠅頭小利，彷彿全心關懷的就是「賺錢」兩個字。

感謝神，在這些人中，仍然有一些愛主的人，仍有一些真正信靠神的人，他們參加聚會、追求長進、愛主事主。但有些人到了教會中的人也未必全是如此，為了宣傳自己的生意，來禮拜堂，結交朋友，廣傳名片，連聚會也帶著生意心態。當牧師教導奉獻時，這些人也許向神求交換的祝福，我已奉獻了一塊錢，求祢百倍，千倍的祝福給我。這樣的人生彷彿已為自己定規，時間該怎麼用，聚會不可超過自己預估之時間，影響了自己的時間表，可能因為牧師禱告過長，超出時間表的預算。他們的全心全身，整個生命，力量，投入這些事物和計劃裡，成為他們的終極關懷。

雖然牧師可能呼籲應當注意屬靈之事，他們卻以為那是年老退休後才熱心付代價的事，還以為自己若活至 80 歲 75 歲再作！主耶穌說「你們不能事奉我，又事瑪門。」我們全心關懷，投注生命相許至什麼對象，那個對象就是我們的「上帝」。廟裡的偶像是你的「假神」，然而生活中奪取你心的那個對象也是你的「上帝」，所以，終極的關懷就是你的「上帝」。聖經中也說「不可拜偶像」，當你所拜的，所愛的到一個地步時，那個關懷對象就變成了你的「上帝」。吃、喝、賺錢是生活的一部份，但若他們轄制你，奴役你，就變成你的「主」，你的「上帝」了。你有沒有事奉瑪門？千萬富翁可以不事奉瑪門，

無錢的窮小子卻可能成為事奉瑪門的人，這一切端看你內心關懷的對象和態度而言。

身為傳道人的我，很喜歡看見更多的人成為傳道人，但神並非呼召每一個人成為傳道人，也許就是要我們作一個平信徒，不論神呼召我們作什麼，我們所當持守的就是忠心。不要事奉錯了，以為是事奉我們的事業、家庭、工作、兒女，這些都不是我們事奉的對象，都不當是我們的終極關懷。

今天所讀的經文中那文士問耶穌誡命中那是第一要緊的呢？原文中沒有「要緊的」原意係指誡命中何為第一。主耶穌回答「以色列阿，你要聽，主我們的神，是獨一的主。你要盡心、盡性、盡意、盡力、愛主你的神。其次就是愛人如己。」今天許多教會傳講「愛人如己」，卻忘了盡心、盡性、盡意、盡力、愛主，也有許多教會傳講「愛主」而忘了「愛人」，更可悲的事，有些教會竟然忘了當盡心的愛主。

為什麼要愛主呢？因為祂是獨一的神，其他福音中未提及，但馬可福音中指出耶穌回答「主我們的神，是『獨一』的主，天上地下除了獨一真神上帝外，還有其他的上帝嗎？既是沒有，為什麼我們還要用事業、金錢、兒女、工作與上帝並列或取代上帝呢？這是一件緊要的事——「上帝是獨一的」，所以我們要盡心、盡性、盡意、盡力、的愛祂。

在我們基督徒的生活裡，有時候有一種矛盾——信的是一樣，行的都是另一樣。我們信神只有一位，故不去燒香、拜偶

像，但是我們卻在愛世界，愛錢財、把這些關懷的對象當成「上帝」去拜它，我們為自己另立一個「上帝」。

研究哲學的人，有些人認為上帝是「一」，把上帝當作推論最後的「一」即如中國人所說的「太乙」。西洋哲學新柏拉圖派主張「一」最初是從「一」流出這個世界來。也有人說上帝是「第一因」(First Cause)，因果相生，推至最後那第一個原因是上帝。又有人主張天地間事物是相對的，相對係指一件東西的存在而存在，如我們需要食物、水、空氣……，如果有一位不必倚靠別的存在的，那就是絕對的，就是上帝了。

當我們真認識上帝至一個地步，就必須承認我們這個被造者最後是與上帝發生關係，那才是你終極的關係，因為世界的終極是上帝。故主耶穌說「主我們的上帝是獨一的主」，主是我們的終極。許多哲學書不用「上帝」一詞而用「終極」(Ultimate)一詞，The Ultimate 即指上帝，終極關懷是 Ultimate Concern。上帝是唯一的終極，故我們關懷的終極應當是上帝，當我們關懷上帝時，我們正是關懷終極。

至於如何關懷呢？經文說「你要盡心、盡性、盡意、盡力、愛主你的神，又要愛人如己。」聖經將終極關懷以愛字表現出來。愛本身即是關懷，愛是什麼呢？愛是為了所愛的人犧牲自己，真的關懷必出與愛，終極的關懷是整個愛。盡心指情感，用我們的情感去愛上帝，以訂婚至結婚前之男女為例，他們的情感是最熾烈的，最全然投入的，結婚之後，他們雖然依然相

愛，卻有許多現實的事物分割了他們那種全心的愛，比如孩子、比如生活等等。

盡智，指的是頭腦而言，固然人愛人常以「我心愛你」為表示，但真愛的時候，也的確有以頭腦來愛的，心中有情感，去愛一個人的時候，他的頭腦筋是在動的，怎能說腦子不愛呢？故愛是用情感、也是用意志去愛。傳道人可能傳道而無盡心、盡性、盡意、盡力、的愛主，平信徒說愛主，也可能未能盡心、盡性、盡意、盡力、的愛主。可能我們都愛主，但只愛一些，未將全部力量投入去愛。終極關懷是把全人即靈、魂、體皆投在上帝身上，然後愛人如己。也唯有愛神的人，才能愛人如己，因為獨獨愛人而不愛神，此愛無法持久。因此「盡心、盡性、盡意、盡力、的愛主你的神」是誡命的第一。

保羅說：愛是誡命的總綱，一切的誡命都包括在愛人如己中。愛字從何而來？從奉獻的心，為主而活的心，終極的關懷而來。

總而言之，終極關懷決定一個人為何種人，讓我們先問自己是否有終極關懷？有人說「我什麼也不關懷」，這種什麼都不管，也是你的人生態度，也是你的人生觀，也是你的終極關懷，而這種關懷就決定你是一個什麼也不管的人。

什麼是你的終極關懷？父母、兒女、妻子、金錢、事業？或是上帝？一個基督徒的生活是全部為主的，他把生命、情感、意志、力量投在愛神、愛人如己的事上，這才是一個遵行誡命、

奉獻的、為神所用的基督徒。

　　讓我們再聽一次主耶穌的話：「主我們神是獨一的主，你要盡心、盡性、盡意、盡力、愛主你的神，其次就是說要愛人如己。」

Why Are We Here?
人活著為什麼？
Circa 1986

這個世界中，不但人是「活」著，飛鳥、走獸、蟲魚、樹木、蟑螂……也都「活」著，整個宇宙也都活著，雖然有無機體的活動、有機體生機之分，但都是在活著，如果大爆炸之說是對的，整個宇宙系在不斷膨脹、活著、動著，但究竟「活著」是為了什麼呢？

每一個人信耶穌或許都透過不同的近向（Approach），我個人是從尋求人生的目的這一角度而認識神的；今天我特別討論「人活著為什麼？」你、我活著究竟為什麼？這個問題看似笨拙，但基本而重要的問題。讓我們透過下列幾種人來看這個問題：

一、第一種人是：他活著卻不在乎為什麼而活。所謂「未知生，焉知死」者也，只要要好好的活著即夠矣，他的人生彷彿去了頭尾，生前不管，死後不問，只在乎活著的那一段日子，好好做人，好好活著。然而「好」只在當中的一段好無頭無尾，焉能謂之「好」？

兩年前，我曾講過海德格的學說，他主張「生」沒有來因，只是投擲出來的「死」後如何也不可知，生死只是偶然的發生，無影無蹤的。他以為人的生命是掛在空中的，掛在無底的深淵上。大家看過大峽谷的奇觀，莫不驚嘆坑洞的深邃，但谷仍有

底；人生的深淵卻是沒有底的，生命只是掛在空中，一如某些驚悸的惡夢，上不著邊，下不著地，懸掛在空中，上下左右均不知。我碰巧掛巧了八十年？還能掛多少年呢？還不是我們的人生觀嗎？你的生命是否如此？你從何而來？往何處去？你去的深淵又如何？尚未信耶穌的人，可能對人生會有這樣的警覺。

二、第二種人是：**不求永恆目的，只求眼前目的**。世界上此種人比比皆是，不求永恆目的，只求眼前目的。有人說，許多來自台灣的留學生年屆四十時有一個危機，他們小時被父母灌輸「台灣小無出路」之觀念，以致小學，初中、高中⋯⋯拼命惡補，大學讀完終於踏上美國，一面打工，一面讀書，考試名列前矛⋯⋯讀完書、找到工作、娶妻生子、購屋接親友來美國同住。錢有了，親人團聚了，成功名就了⋯⋯一切都有了，目的完成，然而這一個目標，不過在小時開始，現在達成罷了。年屆四十之際，這種人開始疑惑了：「我的人生就是如此嗎？還是另有什麼呢？」再賺錢？再購屋？提供兒女更好的教育？更多的家產？但是這些人自己的人生又如何呢？留學多年，思之也茫然了，是否赴美留學是人生的終極目的？是否成為百萬富翁是人生的最終的成就呢？到底人活著為什麼？你曾否思想過最後的意義不是金錢、不是地位、不是兒女⋯⋯⋯這些都不是人一生的終極目的！

三、第三種人是：和第二種人有些相似，但不是以金錢、教育等為人生的目的，乃是「今日有酒今日醉，明日愁來明日

當」的人生。此係吃吃喝喝的享樂派，特別注重肉體的快樂。有句俗語說：「人吃為了活，人活不是為了吃。」(Men eat to live, not live to eat) 人吃了以後，才能活，但活著不是只為了吃。如果我們把身體養得又肥又胖，住在高樓大廈中，開著進口昂價的汽車，但這種毫華生活又為了什麼呢？食、衣、住、行使人得生，生為了什麼呢？這種人說：「吃吃喝喝快快樂樂吧，因為明天要死了。」

聖經中說過的那一個財主，正是這一種人，他身穿紫袍，天天奢宴樂，吃剩的扔給門外可憐的乞丐吃，他死後到了地獄，乞丐拉撒路也死了，卻躺在亞伯拉罕的懷中。這一類的人以吃喝享樂為人生目的。有人說中國文化是「吃」的文化，美國現今文化則是「性」的文化。舉凡眼所見、耳所聞，青年人彷彿都被「性」抓住了，視之為生命中首要之事。這一個角度是偏狹的，未從生命，人生的角度來看。

人自出生，有男女性別，小時男女並不相互吸引，直至漸漸長大，青春期人對性會自然的有一種很強的慾望，「性的慾望」乃人體中自然的一種反應，是裡面與生俱來的，但是把它強化，則是文化的作用了。其實兩性相引，荷爾蒙在人體內起作用，造成兩情相悅，結婚生子，都是正常自然的，是人生的一部份，但絕不是整個的人生，如果把「性」當作整個的人生，正如把「吃飯」當作整個的人生一樣。

進一步說，人生究竟是什麼，我父親的人生觀，認為生兒

子是他的目的，因為兒子又生兒子，一代一代有了成就，父親的人生目的達到了。生兒子是不是你的人生目的呢？從古到今是不是每一個人的人生目的都應該是生兒子呢？

吳稚暉先生說：女人的人生就是為生孩子，女人活著就是為嫁人生子，生了兒子她就死去。我要向姊妹們挑戰問一句話：這是妳的人生觀嗎？生了孩子，然後妳的女兒，媳婦又再生子，妳就這樣過一生嗎？我想這只是妳人生的一部份，不當是妳人生的全部。

再進一步說，有人認為自己有生之年，做了些好事，報效國家社會，從前年輕時我是這樣思想的。中國哲學家胡適之也如此認為，他主張「小我」是我自己，「大我」是社會，我的生活叫我能貢獻予「大我」。但如果我們把社會建好了，社會又是為了什麼呢？目前我們尚不能稱為理想社會，也許幾百年，甚至一千年後我們會有個理想社會，那樣的社會來到之時，人要做什麼呢？正如中國古老社會，老年人省吃儉用，把錢積攢起來留給子孫，但是錢能活幾代呢？真的達到理想社會，又為著什麼呢？

英國哲學家羅素說宇宙有一天要毀滅：爆炸論認為宇宙在向外膨脹，有一天會收縮得什麼都沒有。理想社會、人類、歷史、銅像……在那裡呢？一切都歸於無有。從個人、家庭、社會、國家、………這一切都是暫時的，都是有限的，你的人生價值在那裡呢？

人生的價值在上帝，上帝是永恆的，宇宙從祂而來，天地萬物都要廢去，唯有上帝和遵行上帝的旨意的人永遠長存，這是基督徒的人生觀。

路加福音二章四十九節：「耶穌說，為什麼找我呢，豈不知我應該以我父的事為念嗎？」這是耶穌的人生觀。祂來到世界一趟，作一件事，是祂父親要祂作的事，不是為自己，而是要榮耀神，我並不是指對社會有貢獻不對，而是說貢獻並不是人生的終極目的，乃是神自己。

趙君影博士傳略

(1906-1996)

「他按神的旨意服事了他那一代的人就睡了。」(徒十三：36)

趙君影博士一生過著一個與他信仰一致的人生。中華歸主協會的信仰聲明是這種堅定信仰最好的明證:「聖經是神完全的默示,是我們信仰最高的標準。」中華歸主神學院是趙博士所創辦、所帶領的,以確保訓練出來的未來中國基督教的領袖們都忠於聖經無誤論,以及得救唯一的途徑是因著神的恩、也因著相信耶穌基督為我們的救主。

趙博士對福音的獻身是從他刻苦的童年和青年時期開始的。在這一切艱難中,他的態度始終是順服基督的命令:「背起你的十字架來跟從我。」他六歲時坐在行將去世的慈母床邊,母親勉勵他說:「答應我要做個好人。」他的父親隨即把他送進一所教會學校,由他自己照顧自己。後來在大學時期曾糾結於不可知論和現代主義的思想。隨後因感染肺病而又無錢就醫,趙博士必須面對和信仰有關的種種事情。他博覽奧古斯丁和托爾斯泰等人著作,而形成他對基督信仰的看法。他在一鄉村的佈道會中悔改並獻身於主耶穌。一九三四年四月二十一日與張性初小姐結婚,兩人同心事主達六十二年。

當他被詢問事奉最大的目的時,他說:「我一生最大的成就就是遵行神的旨意,服事了我這一代的人」。他經歷中國政治上幾次主要變動。於一九〇六年三月十五日(仍是清廷的時

代）生於湖北。一九四一年至一九四九年國民政府時期他在中國大陸從事學生工作，組織了全國基督徒大學生聯合會、千萬中國學生藉此運動被帶領信主，其中許多人後來成了中國地下教會的領導者。趙博士始終堅定反對共產主義，堅決地認為他們是反對神的。中共佔據大陸後，在一九四九年離開大陸，一九五二年至五六年期間創立了幾個事工。他是新加坡神學院的創辦人兼代理院長、也是馬尼拉青年福音中心的創辦人兼總幹事，五十歲時偕家人遷居美國，三年之後於一九五九年八月創立了中華歸主協會。藉學生中心的工作，成千上萬的學生被引領歸主。後來洛杉磯、柏克萊、聖荷西、海渥、芝加哥、及紐約的中華歸主教會相繼成立。一九八六年趙博士以八十歲高齡創辦了中華歸主神學院，為中國教會訓練華人基督教的領袖。趙博士被認為是中國基督教教會的前輩，藉著他的遠見和神給他的異象，為現代教會的需要而效力。

趙博士在許多寫作裡闡述了他對基督的展望。他的著作包括:漫談五十年來中國的教會政治、我的宗教經驗、中國古代的上帝信仰、西洋古代哲學家的上帝信仰、西洋近代哲學家的上帝信仰、西洋現代哲學家的上帝信仰及其他。這些書籍在遠東的許多聖經神學院被採用作課本。

趙博士經常展望未來，他不衹對未來寄於期望，而且採取行動設定未來。他認為中國基督教不衹是個人的安慰，而且是神完全的啟導。對他而言，神引導著整個人類的歷史和經歷其中，他常說「時候滿足了，神必統治普世。」

　　除了趙博士的許多書籍和著作外，他還傳遞了巨大的屬靈遺產: 他和心愛的妻子趙張性初博士有八位子女，在趙博士死後留下了二十八位孫兒女和八位曾孫，所有人都在趙博士堅強之毅力及豐富的屬靈遺產中成長。趙君影博士回天家後，趙師母及同工們繼續為中華歸主協會、神學院的使命努力工作，兩年後，趙師母也於一九九八年三月十五日回天家，隨即指派他的兒子趙企明博士和大女兒黃趙企晨博士接續中華歸主協會及神學院的工作。2017 年趙君影博士的第一本講道集即將出版，感謝神的恩典中華歸主已走過了那難以置信的五十八週年，求神繼續引領中華歸主的一切事工，感謝讚美主，願將一切榮耀歸給神!

趙君影牧師著作

Dr. Calvin Chao's Writings

1. 培靈講義 1949
2. 認識時代 1971-1972
3. 漫談五十年來中國的教會與政治　1981
4. 我的宗教經驗 1982
5. 西洋現代哲學家的上帝信仰（上）1983
6. 西洋現代哲學家的上帝信仰（下）1989
7. 西洋古代哲學家的上帝信仰 1983
8. 西洋近代哲學家的上帝信仰 1983
9. 心和歌集 1999
10. 聖經無錯誤文集 1994

知識的開端 --廣播節目講稿文集
1. 大學之道 1960-1961
2. 中國古代的上帝信仰 1975
3. 科學家的上帝信仰　1976

君影文選 小冊子
1. 如何面對人生--基督教的人生觀、宇宙觀、政治觀 1972
2. 總統蔣介石是基督徒 1972
3. 致大陸女青年潘曉的一封信 1980
4. 我找到了絕對 1982
5. 扭歪了理智 1982
6. 葛理翰的一語風波 1982
7. 受苦的哲學 1983
8. 宗教經驗簡論 1983
9. 關懷評論 1975-1980

其它數百篇的中、英文文章刊登在各報紙中，如福音報、 基督教遠景雜誌、歸主觀察報等，不在此一一列舉。

www.ingramcontent.com/pod-product-compliance
Lightning Source LLC
Chambersburg PA
CBHW031317040426
42443CB00005B/101